大学生生命教育理论与实践

潘明芸 著

东华大学出版社
·上海·

图书在版编目（CIP）数据

大学生生命教育理论与实践 / 潘明芸著. -- 上海：东华大学出版社, 2024. 11. -- ISBN 978-7-5669-2446-9

Ⅰ . B083

中国国家版本馆 CIP 数据核字第 20248BK348 号

责 任 编 辑　洪正琳
版 式 设 计　上海碧悦制版有限公司
封 面 设 计　Ivy

大学生生命教育理论与实践
DAXUESHENG SHENGMING JIAOYU LILUN YU SHIJIAN

著　　　者　潘明芸
出 版 发 行　东华大学出版社（上海市延安西路1882号　邮政编码：200051）
营 销 中 心　021-62193056　62379558
本 社 网 址　http://dhupress.dhu.edu.cn
本 社 邮 箱　dhupress@dhu.edu.cn
印　　　刷　上海光扬印务有限公司
开　　　本　787mm×960mm　1/16　印张　10　字数　180 千字
版　　　次　2024 年 11 月第 1 版　印次　2024 年 11 月第 1 次印刷
书　　　号　ISBN 978-7-5669-2446-9
定　　　价　78.00 元

· 版权所有　侵权必究 ·

目 录
CONTENTS

绪论	/1
一、为何要研究大学生生命教育？	/1
二、国内外研究述评	/3
三、研究思路与逻辑结构	/14

第一章 高校大学生生命教育的理论阐述 /17

第一节 生命教育的内涵 /17
一、生命 /17
二、生命教育 /23

第二节 当今国内外的生命教育思想和理论 /25
一、西方的生命教育思想 /25
二、中国的生命教育思想 /27
三、马克思主义生命哲学 /28

第三节 大学生生命教育的内涵 /30
一、对生命的存在和保护的探讨 /30
二、对生命的价值和意义的追问 /31
三、对生命体之间关系的再认识 /32

第二章 高校大学生生命教育现状分析和教育反思 /34

第一节 大学生生命观和高校生命教育现状 /34

一、大学生的生命情感冷漠化现象严重　　　　　　　　　　/34
   二、大学生的生命价值多元化、生命责任实用化现象明显　　/35
   三、大学生的生命幸福感降低，心理压力无法释放　　　　　/36
   四、我国高校大学生思想政治教育缺乏对生命的关怀　　　　/36

 第二节　通过对大学生生命观的审视来反思高校生命教育的实施　/37
   一、大学生生命观表现出来的特点　　　　　　　　　　　　/37
   二、高校实施生命教育的不足　　　　　　　　　　　　　　/38

 第三节　高校大学生生命教育的影响因素分析　　　　　　　　　/40
   一、高校以社会为本位的教育理念缺乏生命关怀　　　　　　/40
   二、高校思想理论课中缺少生命教育课程的元素　　　　　　/41
   三、高校的校园文化缺乏对大学生生命观的引导　　　　　　/41
   四、高校的评价机制忽视了大学生的生命个体感受　　　　　/42
   五、高校的教育环境难见生命教育的影子　　　　　　　　　/43

第三章　高校大学生生命教育构建的原则和实施的有效途径　/44

 第一节　转变高校传统的思想政治教育理念，关注学生个体的生命　/44
 第二节　高校大学生生命教育构建的原则　　　　　　　　　　　/45
   一、坚持生命教育理论与实践相结合的原则　　　　　　　　/46
   二、坚持社会教育与自我教育相结合的原则　　　　　　　　/46
   三、坚持继承优良传统文化与改进创新相结合的原则　　　　/47
 第二节　高校大学生生命教育的具体内容　　　　　　　　　　　/47
   一、生命意识教育　　　　　　　　　　　　　　　　　　　/47
   二、生命技能教育　　　　　　　　　　　　　　　　　　　/48
   三、生命关系教育　　　　　　　　　　　　　　　　　　　/49
   四、生命情感教育　　　　　　　　　　　　　　　　　　　/50
   五、生命价值教育　　　　　　　　　　　　　　　　　　　/51

  六、生命责任教育 /52
  七、生命闲暇教育 /52
 第四节 高校大学生生命教育实施的有效途径 /53
  一、重视大学生的生命教育是前提 /53
  二、加强生命教育的理论研究和实践操作是基础 /54
  三、加强生命教育师资队伍的建设是保障 /55
  四、注重大学生对与生命相关的教育内容的学习与实践是补充 /57
  五、多样化的生命教育形式是保证 /59
  六、建立专门的心理干预机构是关键 /60

第四章 高校大学生生命教育实践
——基于开设"大学生生命教育"课程的探索 /62

 第一节 "大学生生命教育"课程的理念 /62
 第二节 生命观：中西生命观对比 /64
  一、传统文化生命观 /64
  二、西方生命观 /70
  三、马克思主义生命观 /74
 第三节 生命感恩：银发关怀与服务 /79
  一、感恩父母 /80
  二、亲情教育 /86
  三、银发关怀 /91
 第四节 生命伴侣：亲密关系管理 /95
  一、恋爱心理 /96
  二、爱的能力养成 /99
  三、亲密关系管理 /103

第五节　生命关系：大学生关系网　　　/106
　　一、宿舍人际关系　　　/107
　　二、班级人际关系　　　/110
　　三、职场人际关系　　　/114
第六节　生命情感：生命共同体　　　/118
　　一、人与自然生命共同体　　　/118
　　二、关爱一切有生之命　　　/123
第七节　生命闲暇：找寻幸福密码　　　/127
　　一、生命闲暇　　　/127
　　二、阅读经典著作　　　/131
　　三、幸福人生　　　/135

参考文献　　　/142

后记　　　/149

绪 论

一、为何要研究大学生生命教育？

生命教育是帮助大学生认识生命、珍惜生命、尊重生命、热爱生命、提高生命技能和生命质量的一种教育活动。生命教育是在思想政治教育基础上发展起来的一门分支学科，可以帮助当代大学生解决心理困境、生命难题以及提升自我生命幸福感。

开展生命教育，要充分了解人的生命存在状态及其相互关系，立足于"人的生命"这一范畴来把握生命教育的内涵，达到生命与教育的融合。生命有三个基本维度，包括自然生命、精神生命和社会生命。从呱呱坠地到社会交往再到自我意识的觉醒，分别代表着生命的自然属性、精神属性和社会属性。从人的生命内涵角度来看，生命教育就是要让受教育者认识人的自然生命，理解生命的有限性、独特性；意识到人的生命与社会紧密相连，从而处理好个人与他人、个人与社会的关系；体会到人的精神生命，意识到人的精神存在是与动物相区别的本质所在。因此，人要在精神力量的支配下，努力克服自身肉体生物性的局限，通过丰富自己的精神生活、提升自我的道德品质，实现对自然生命和社会生命的超越和升华。

大学生生命教育是教育者立足于学生个体生命基础上，遵循生命的规律和特征，按照一定的目的和计划，有组织地开展，致力于对大学生生命知识的传授、生存能力的培养、生命质量的提升和生命价值的实现，以帮助引导学生认识生命、珍惜生命、关爱生命、敬畏生命、欣赏生命，追求生命的意义，促进生命和谐发展的教育活动。

大学生生命教育以身体哲学、马克思主义生命观为理论基础，同时涉及心理学、社会学、教育学领域，主要分为生命认知、生命情感和生命价值三部分，从自我生命、他人生命、大自然生命、社会生命四个部分展开。大学生生命教育可以让大学生拥有爱的能力，学会爱他人与接纳被爱，做一个充满善意，心胸豁达，拥有爱心与责任感的人。特别是如何做一个有生命力的人，可以在大学生生命教育中找到答案。

大学生生命教育的目标有三个。一是提升生命认知。从生命的长度、宽度、亮度、高度、厚度、广度等多维度来帮助大学生了解生命、认识生命。二是培养生命情感。让大学生丰富生命情感，体会生命的无常，预防生命的伤害；让大学生自我内心和谐，学习规划美好的人生；让大学生乐于助人，建立良好的人际关系。珍惜自己，尊重别人，合群；让大学生培育尊重大自然的态度，感恩惜福，爱护大自然。三是丰富生命价值。让大学生珍惜生命价值，乐观进取，树立正确的人生观。让大学生学习和确立把握命运的信念，让大学生培育和发展自我生命的创造力，让大学生提升应对挑战与困难挫折的能力，让大学生理解生命价值的多元性，探索生命的真正意义。

研究大学生生命教育的原因有以下几点：

第一，丰富高校的思想政治教育理论内容。

面对时代的变化和社会的转型，高校的思想政治教育理论也应该是与时俱进的。面对新形势下的道德困境，我们应该有新的理论来给予实践以指导。生命教育作为关怀思想政治教育的一种表现形式，不仅是同时代应运而生的，而且是时代的一种呼唤。本书不仅为高校实施生命教育增添了新的内容，也有助于丰富和完善高校生命教育方面的研究。

第二，为生命教育的研究提供了新的视角。

随着生命教育研究的发展，诸多的学者多从生命教育实践层面的缺失角度来探讨大学生自杀、他杀、漠视自然生命等现象。但是却少有人从思想政治教育的人文关怀角度和教育的生命价值追求来探索，其根源在于现代思想政治教育的"生命"缺失。因为过于强调以社会为本，从而忽视了生命个体的需求和身心发展规律。这都为生命教育的研究提供了新的思维，为思想政治教育人文关怀理论注入了新的血液。

第三，有利于大学生树立健康的生死观和正确的生命价值取向。

通过生命教育，引导大学生思考生与死的话题，正确看待理想与现实之间的差距，以积极的态度面对失落与痛苦，这都会在一定的程度上帮助大学生树立正确的生命观；通过生命教育，教会学生合理权衡生命与道德的关系，这都会在一定程度上帮助大学生在这个多元化的时代去寻找正确的价值取向。

第四，有利于高校改进思想政治工作。

思想政治教育的人文关怀已经越来越多地受到人们的关注，生命教育作为思想政治教育由关注"社会主体"到"生命个体"的一种转向，给高校的思想政治教育提供了新的角度和新的方向，这对于高校思想政治教育工作的开展是有很大的促进作用的。在高校思想政治教育的过程中，多关注学生的生命需求，关心学生的生命存在状态，这些都会提高思想政治教育的有效性。

第五，有利于社会主义和谐社会的构建。

大学生是祖国大家庭中不可或缺的一个群体，是整个社会重要之至的成员。他们能否拥有正确的生命意识和生命导向，直接关系到整个校园的安定与否、整个社会的和谐与否。让大学生拥有正确的生命观，掌握日常生活中突发的社会危机事件所具备的求生本领和自我保护技能，同时还可以在危急关头帮助他人摆脱危险，这些都会对社会的稳定与和谐产生积极的作用。

二、国内外研究述评

（一）国外对生命教育实践的研究

国外对生命教育的研究开始于 20 世纪初，于 20 世纪 50 年代末 60 年代初正式兴起，并注重于对生命教育实践的探讨。自 1928 年以后的几十年时间里，美国出现了研究有关死亡主体的死亡教育，随着研究的不断深入，转变为生死教育。此后，西方其他国家开始纷纷仿效美国，开始了生命教育的实践。第二次世界大战以后，西方科技迅猛发展带来了医学领域的人工流产、克隆技术、器官移植的发展，在增强了人类的生命能力的同时也拓展了人类死亡的界限，对传统的生命观点提出了挑战。

美国的生命教育起初是以死亡教育的形式出现的。1968年，美国人杰·唐纳·华特士在加州创建"阿南达村"学校，开始倡导和实践生命教育思想。在美国，生命教育与情感教育和社交情绪学习紧密相关，研究如何通过这些教育项目增强青少年的自我意识、自我管理、社会意识和人际关系技能。美国的生命教育主要是通过死亡教育的形式来让孩子树立正确的生死观念，以积极正确的态度面对生命，追求生命的价值和意义。目前美国的生命教育大致分为品格教育、迎向生命挑战的教育、情绪教育三部分。美国的生命教育现状：第一，在观念上肯定了死亡教育的价值；第二，成立了各种专业协会，出版了专业及普及性书籍和杂志；第三，在大、中、小学根据不同年龄开设了死亡教育课程；第四，学校和社会共同联手开展多种形式的死亡教育。同时，美国还利用网络开展生命教育，开设有生命教育和资源网等。

英国把生命教育理解为一种全人教育，不仅包含个人社会和健康教育，还包含公民的权利及职责教育。因此开设了专门的公民教育与个人社会和健康教育课程，还把生命教育的内容渗透在各种相关的学校课程中，力求多角度、全方位来提升学生对生命体的认同。英国的生命教育实践过程如下：一是1765年约瑟夫·普里斯特利发表的《论一种旨在文明而积极生活的自由教育课程》一文，标志着生命教育思想在英国开始出现；二是1990年政府把经济和工业的认识、公民教育、健康教育、生涯教育、环境教育等学科规定为跨领域课程，意味着生命教育开始纳入英国政府的重视范围；三是1997年英国工党上台执政后，推动公民教育为必修课程，标志着生命教育被纳入国家和学校的正规教育课程；四是现在英国的生命教育主要是以公民教育为载体而存在的，英国相信生命教育培养的积极主动的公民既能促进国家经济与政治上的进步，也能提升社会的文化、道德及社会风气。英国的生命教育研究往往集中在个人、社会和健康教育上，探讨如何通过生命教育促进青少年的健康和幸福。

日本的生命教育与道德教育相结合，关注青少年的全面发展，包括心理健康和社交技能。于1989年修改的新"教学大纲"中明确提出"以尊重人的精神"和"对生命的敬畏"来定位道德教育的目标，大纲主要针对青少年的自杀、欺辱、杀人、破坏自然环境、浪费等日益严重的现实而提出。近年日本开始流行的"余裕教育"也是生命教育的重要内容之一。"余裕教育"，是针对现在日本青少年的脆弱心理和青少年自杀事件而提出的。它的口号就是"热爱生命，选择坚强"，目的是让青少年通过"余裕教育"认识到生命的美好和重要，使他们能够坚强面对挫折，更加热爱并珍惜生命。

澳大利亚建立了生命教育中心，它是特德·诺夫斯先生于1979年在悉尼创立的，该中心已经发展成为一个国际性机构，而且是联合国"非政府组织"的一员。该中心成立的初衷是为学校教育提供反毒品教育资源。生命教育中心和学校建立了健全的共生伙伴关系，设计了适合小学各年龄课程的反毒品教育，在教师、多媒体科技的相互协助的基础上来传达生命教育的意义。澳大利亚在生命教育领域有着长期的研究历史，特别是在提升青少年的心理健康和幸福感方面。学校的课程设计旨在培养学生的情绪智力和提升他们的社会技能。

生命教育促进青少年的健康和幸福是全球多个国家研究的共同主题。20世纪下半叶以来一些国家开始明确提出生命教育和敬畏生命的生命道德教育，并开展了一系列的生命教育实践。生命教育的全球趋势体现在多个方面，反映了当前全球化背景下对教育需求的普遍性和多样性。具体表现为：

一是整合性教育和社会情感学习。生命教育强调学生的认知、情感、社交和精神等各个方面的发展。生命教育正逐渐与情感教育、社交情绪学习、心理健康教育等领域整合，形成一个跨学科的教学模式，旨在促进学生的全面发展。社交情绪学习成为生命教育的一个重要组成部分，专注于培养学生的自我意识、自我管理、社会意识、人际关系技能和负责任的决策能力。

二是技术的应用。数字化教学资源和平台的使用越来越普遍，为生命教育提供了新的途径和方法，如在线课程、教育游戏和虚拟现实体验等。

三是多元文化教育。全球化促进了文化交流，生命教育开始融入多元文化视角，重视不同文化背景下的价值观和生活方式，尊重和理解多元文化的价值。

四是可持续发展教育。随着全球对环境问题的关注，生命教育越来越多地包含可持续发展的概念，教育学生如何以环保的方式生活，并理解环境保护的重要性。

五是家庭、学校和社区的合作。生命教育的实践越来越依赖于家庭、学校和社区之间的合作，以提供一个支持性的教育环境。

六是预防性教育。生命教育被用作预防青少年不良行为（如药物滥用、暴力和欺凌）的工具，通过教育提升青少年的抵抗能力和决策能力。通过政策和立法支持，越来越多的国家在教育政策和立法中纳入生命教育，确保其在教育体系中的地位和作用。开展专业发展和教师培训，更有效地实施生命教育。

这些趋势显示了生命教育在全球范围内的发展动态，反映出学校对于培养健康、幸福和有责任感的青少年的重视。

（二）国内对生命教育的研究

1. 生命教育在中国历史上的思考

在传统的伦理学中早已提到"贵生"，亦即贵生贱物，重生轻物，贵生是善待自己的根本原则。在中国先秦至今两千多年的传统文化中，对"生死"问题的思考，不同的宗教派别有各自不同的生命观，其中以儒家和道家最为典型。

儒家重视生命，对死亡避而不谈。儒家的生命观主要以道德价值为核心，认为人的肉体终会腐朽，但是却可以通过生前的努力来立德、立功、立言以跨越死亡，倡导人们通过建功立业来达到精神的不朽。儒家主张的是一种积极向上的人生态度，认为人应该有"生生不息"之精神，通过树立一整套的价值准则来规范自己的行为，并珍惜生命，注重人事，修养心性，以配天德。

道家的出发点就是保全生命，排除威胁生命的各种力量。道家认为人活着应该修身养性保养生命，达到"保生"的目的，还需要通过不问世事，摆脱人际社会的关系，使得自身不受任何外在损伤。对于死亡，道家的观点是：人的生死，犹如春夏秋冬的更替一样，是自然而然的，人应顺其自然地生，顺其自然地死。道家认为人可以通过精神修炼来超越死亡，从而不问世事，达到天道合一的人生状态。

继儒家、道家之后的各个学派又对生命教育有了进一步补充，但是对生命教育的认识大都集中在人的精神、道德、灵魂三方面的升华，认为这三方面都成了人的健康人格的外在表现。

2. 生命教育在我国当今的研究发展

国内是在近几年开始进行对生命教育问题的探索和研究的，其历程如下：

20世纪90年代以来，中国大陆开始全面实施素质教育，倡导以人为本和尊重、关心、理解、信任生命主体，这是开展生命教育的开端。

1997年，叶澜先生从改革传统教育的角度出发，提出了"让课堂焕发出生命活力"的号召。

2003年5月，教育部印发了全日制义务教育《思想品德课程标准（实验稿）》。新课标与原课程标准相比，增加并突出了生命教育的内容。它标志着对初中生的生命教育在我国开始发展起来。新课标规定，要让学生通过学习"知道人类是自然的一部分，认识自己生命的独特性，体会生命的可贵；知道应该从日常的点滴做起，实现人生意义，体现生命的价值；理解自尊是获得尊重的前提，不做有损人格的事……"

2004年，中央国务院先后颁发了《中共中央国务院关于进一步加强和改进未成年人思想道德建设若干意见》和《中共中央国务院关于进一步加强和改进大学生思想政治教育的意见》两个文件，自此生命教育引起全国范围的关注。

2005年，上海提出制订《上海市中小学生生命教育指导纲要》，筹建上海青少年心理危机干预中心。这主要是对中小学生提出的。纲要中指出，开展生命教育是整体提升国民素质的基本要求，是社会环境发展变化的迫切需要。这把生命教育提高到了社会的角度，并在目标上强调生命教育着眼于面向全体学生身心和谐发展，为学生的终身幸福奠定基础；着眼于学生个性的健康发展，为提升学生的生存能力和生命质量奠定基础；着眼于增强学生在自然和社会中的实践体验，为营造健康和谐的生命环境奠定基础。这项纲要的内容不但对于中小学生，对于当代的大学生生命教育也同样适用。

同年12月，中国宋庆龄基金会在北京主办了中国首届青少年生命教育论坛，吴甘霖先生在论坛上作了题为"中华生命教育的前景与策划"的主题发言，提出了生命教育的九大策略。随后，"生命教育"作为一门课程，正式进入上海、黑龙江、辽宁等省市的中小学课堂，并开始在全国开课，此前，国内没有可用于教学的独立且成系统的教材。

2006年12月，"第二届中华青少年生命教育论坛"在北京举办，北京大学还在论坛上发布了《中华青少年生命教育年度立项报告》，并决定自2007年起全面关注青少年生命教育并列入科研计划，争取尽快发布中国青少年生命教育白皮书。

2007年4月22日，来自北京、江西、江苏、广东、湖北等地高校的20余名专家学者汇聚武汉大学，就大学生生命教育研究暨《生命教育大学生读本》编写工作开展研讨，并就大学生生命教育开展的背景、基本内容、目标、应注意的问题以及读本编写问题作了主题研讨。

2008年起，武汉大学、华中科技大学、湖北大学等高校开始开设生命教育课。武汉大学当时着手将生命教育课列入课程计划，作为两个学分的选修课，对于医学专业学生作为必修课，于2008年秋季面向全校学生开课。

2010年，《国家中长期教育改革和发展规划纲要（2010—2020年）》明确提出"重视生命教育"，把生命教育提到了国家层面。2015年发布的中国学生发展核心素养，把"珍爱生命"列入其中。

此外，在我国港台地区，台湾省教育厅前厅长陈英豪先生于1997年首先提出"生命教育"的概念,并委托实施伦理教育多年有成的台中市晓明女中设计生命教育课程。随后,生命教育在全台湾地区各国中(相当于大陆的初中)实施,高中则于第二学期实施,同时还制定了"台湾省国民中学推展生命教育实施计划"。2000年台湾教育行政部门设立了"生命教育委员会",并将这年定为"生命教育年"。在香港地区,2002年2月香港特别行政区成立了生命教育中心,以社区和中小学为阵地开展生命教育,学校、传媒和非政府机构都成为生命教育的主要力量。香港的生命教育研究强调家庭、学校和社区的合作,以及如何通过生命教育提升学生的生活技能和幸福感。

生命教育,就是美化生命的教育,它主要是帮助人们认识并珍爱自己的生命,尊重他人的生命,并在此基础上思索生命的意义,找出自己存在的价值与定位,提升生命的质量。生命教育的价值取向是提升个体的生命价值,追求生命自由是生命教育的终极目的。"生命教育有广义与狭义两种:狭义的生命教育指的是对生命本身的关注,包括个人与他人的生命,进而扩展到一切自然生命。广义的生命教育是一种全人的教育,它不仅包括对生命的关注,而且包括对生存能力的培养和生命价值的提升。"① 生命教育的强化,可以帮助大学生树立正确的生命观。总的来说,当今国内对于高校大学生的生命教育研究,主要集中在四个方面的阐述。

第一方面:侧重于生命教育的内涵阐述。

北京师范大学的肖川教授在《生命教育:道德教育的超越和提升——肖川博士访谈录》中提到生命教育就是为了生命主体的自由和幸福所进行的生命化的教育。② 台湾大学孙效智教授认为,生命教育即全人教育。生命教育的意义是指"深化人生观、内化价值观、整合行动力"的一种有关人之所以为人的意义、理想与实践的教育。③ 王煜、喻芒清指出生命教育是依据生命的特征,遵循生命发展的原则,以学生自身潜在的生命基质为基础,通过选择优

---

① 王立华. 回归生命——一位班主任的生命教育实践[M]. 济南:山东教育出版社,2007:5.
② 同①:3.
③ 同①:4.

良的教育方式，唤醒生命意识，启迪精神世界，开发生命潜能，提升生命质量，关注生命的整体性发展的活动。① 王北生、赵云红认为生命教育是一种和谐丰满的人格教育，这种教育培养出来的人是有个性、有文化底蕴、珍惜生命意义、会艺术化生存的人。这种教育能够使人学会生存、学会生活、学会沟通、学会与人相处。② 曹新祥、徐伟强提到生命教育的内涵就是帮助学生认识生命，尊重生命，欣赏生命，爱惜生命，意为探索与认识生命的意义，尊重和珍惜生命的价值，热爱与发展每个人独特的生命，并将自己的生命融入社会大业之中。③

第二方面：侧重于生命教育的具体内容阐述。

潘美姬提出生命教育主要包括生命的尊重和保护意识，生命精神性的价值追问，生命的死亡要以自然关怀和社会关怀作为最后的归宿，面对生命挫折应有乐观的心态，具备生命个体交往的知识和礼仪。④ 褚惠萍提到生命教育的四个层次：认识生命、尊重生命、体验生命和死亡教育。⑤ 陈文斌、刘经纬提到大学生生命教育的主要内容包括生命价值教育、生命历程教育和生命安全教育。⑥ 此外，路晓军提到生命教育的价值包含三个层面：一是珍惜生命；二是丰富、发展生命的内蕴；三是升华生命的境界，追求生命的真谛。⑦

第三方面：侧重于生命教育的具体实施构建。

朱其忠认为可以从校园文化的角度来对生命教育构建。第一，通过体育节使学生的自然生命得到健康发展；第二，举办丰富多彩的班级文化特色活动，丰富学生精神生命；第三，通过各种智慧活动的开展，有效地促进学生

---

① 王煜，喻芒清.关于高校生命教育的再思考[J].学校党建与思想教育，2006（10）：52-53.
② 王北生，赵云红.从焦虑视角探寻与解读生命教育[J].中国教育学刊，2004（2）：19-22.
③ 曹新祥，徐伟强.诠释学校教育应推进"生命教育"[J].东华理工学院学报（社会科学版），2004（2）：52-56.
④ 潘美姬.当代大学生生命观存在的问题及对策研究[D].开封：河南大学，2008.
⑤ 褚惠萍.从大学生自杀现象看高校的生命教育[J].江苏高教，2007（1）.
⑥ 陈文斌，刘经纬.大学生生命教育探析[J].中国高教研究，2006（9）：83-84.
⑦ 路晓军.大学生生命教育的价值探索[J].黑龙江高教研究，2005（5）：38-40.

的智慧生命大力提升。[①]徐颖认为可以从以下方面开展生命教育：第一，高度重视生命教育，发挥教育的主导作用；第二，开设生命教育课程，发挥教育的主渠道作用；第三，生命教育渗透到教学、管理、实践中，发挥教育的合力作用；第四，重视学生的自我教育，发挥学生的主动作用。[②]彭鸿雁认为可以从四方面来构建大学生生命教育的理论体系：第一，明确大学生生命教育的学科特点，消除传统的人生观教育存在的模糊性；第二，克服大学生生命教育问题研究的平面化弊端，拓展其研究的广度和深度；第三，借鉴西方生命观研究的合理因素，提升大学生生命教育研究的理论层次；第四，科学地评价中国传统文化的历史地位，把其作为大学生生命教育内容的重要理论资源。[③]

第四方面：侧重于教育中的生命理念阐述。

冯建军、朱小曼教授在《小学教育：为生命发展奠基》一文中指出，点化和润泽生命是教育之核心，是教育之本。教育是人的生命的主要历程，它基于自然的生命，在现实的生命之中，追求生命质量的完善。因此，生命教育是一项直面生命并以提高生命价值为目的的活动。[④]陈旭远、孟丽波提到生命化教学所追求的是人生命的完整，即人格心灵的完整、个性的发展和情感与兴趣的满足。生命化教学是教师与学生以生命发展为基础，通过对生活世界的关注，使学生得到情感体验、人格提升、个性张扬，同时使教师的职业生命活力得以焕发，师生生命在交往互动、共同经历中不断生成的过程。[⑤]李伟言提到在教育过程中应该注入一定的生命理念：第一，赋予学生生命发展的自主权，让其主动发展，自我选择；第二，关注学生的内在生命，拓展其

[①] 朱其忠.基于科学生命观的校园文化建设的实践与思考[J].科学大众，2008（3）：24.
[②] 徐颖，刘明瑛，刘宪亮，等.大学生生命观调查分析[J].卫生软科学，2006（5）：476-477+483.
[③] 彭鸿雁.论大学生生命观教育问题研究的构建[J].北京市工会干部学院学报，2005（9）：55-58.
[④] 王立华.回归生命——一位班主任的生命教育实践[M].济南：山东教育出版社，2007：3.
[⑤] 陈旭远，孟丽波.生命化教学的理论构建与实践样态[J].教育研究，2004（4）：69-72.

精神空间；第三，化育学生生命情感，培养学生对生命的热爱与敬畏。[①]

（三）国内外生命教育研究的趋势和不足

生命教育从 20 世纪 50 年代从西方国家起步，到 80 年代逐渐推广，进入 21 世纪，已成为遍及全球的教学门类。国内外生命教育的现有研究在具体意义上有不同的侧重点：有的强调生命教育是一种教育价值追求，教育不能仅成为学生获取知识的工具，更应该促进和培养学生个体生命的精神成长和发展；有的强调生命教育是一种教育实践，"是地方课程与学校校本课程开发和建设的重点领域，这些领域包括安全教育、信仰教育、感恩教育、死亡教育、人权教育、和平教育等"[②]；还有的强调生命教育是一种教育目的，意在帮助人们探索与认识生命的意义、珍惜生命的可贵，实现每个人独特的生命价值，从而让自己的生命与自然、社会建立美好和谐的关系。虽然各自强调的重点不一样，但是目的一样：即让人活得更自我，达到一种全面自由发展的生命终极状态。

随着关于生命教育研究的发展，国内外关于生命教育的文献日益增多，这都为本书提供了丰富的资料。尽管如此，但是国内外多把生命教育停留在中小学，针对大学生的生命教育还不多。提出的针对青少年的生命教育，侧重的也是 15 岁之前的教育。对于大学生这样的一个特殊的群体关注得较少，更没有按照大学生自身的特点量身定做一套完整的生命教育体系。对大学生在生命观出现的不和谐现象的关注也多是从心理健康的角度来探析，很少对生命教育有全面的研究；也很少看见在高校教育中有专门的生命教育课程或关于生命专项的学习。这可以说是我国高校教育的不足之处，也是本书的出发点，即提高社会对大学生生命教育的关注，完善高校思想政治教育工作的开展。

[①] 李伟言. 浅论教育中的生命观 [J]. 教学与管理，2001（6）：5-7.
[②] 肖川. 教育的使命和责任 [M]. 长沙：岳麓出版社，2007：4.

1. 生命教育缺乏一定理论体系的支撑

由于生命教育在我国还处在起步阶段，大部分的研究还没有形成自己的体系和模式。虽然有的学者对生命教育的内涵、具体内容和实施途径提出了一些自己的观点，但是对生命教育的范围探讨还不够全面，而且涉及的人群也相当有限。我们一方面可以借鉴国内外现有的生命教育的有关研究成果，来构建我国生命教育的体系；另一方面可以挖掘现实生活中的一些事例，来更形象更贴切地开展生命教育的研究，对生命教育的内容、方法、环境进行理论上的全方位探索。

2. 生命教育缺乏一定实践操作的基础

目前国内外大多数关于生命教育的研究还处在理论方面的探讨，很少从具体的事例出发，来进行相关的实证分析，这样就使得生命教育只是作为一种理念的提出，没有真正的实施体系和具体的操作方法，这些都大大影响了生命教育的最终成果。生命教育作为一个新兴的教育内容，要真正贯彻实施就要有严密、完整的教育体系作支撑。在高校大力提倡学生生命观教育的同时，也没有真正从大学生的实际需求出发，缺乏契合学生实际的实践操作。同时，在实践的过程中也缺乏相应的课程体系和统一的教学计划，在校园文化中也难以见到对生命观有正确引导的内容和安排。在家庭、社会中更难看见生命教育的实施。

与此同时，新冠肺炎疫情对全球产生了深远影响，生命教育在一定时期内更倾向关注于疫情期间和后疫情时代如何通过生命教育帮助大学生处理不确定性、焦虑和失落感。随着人工智能等技术的发展，生命教育也逐渐探索如何利用虚拟现实、增强现实和人工智能等先进技术来提升生命教育的质量和可访问性，帮助学生在安全的环境中学习决策和社交技能。因此，生命教育的理论与探索和时代紧密相关，随着社会的发展不断丰富内涵与外延。任何阶段内的生命教育研究都存在一定的局限性，并随社会的进程而不断完善和发展。

三、研究思路与逻辑结构

（一）研究思路

大学生生命教育从理论联系实际的角度出发，运用了哲学、心理学、教育学、社会学等学科的研究成果来进行相关的知识和理论分析。其实践主要体现在学校教育中，通过课程化活动和实践，培养学生珍爱生命、健康生活和尊重生命的意识与能力。首先，本书通过文献查阅明确了国内外生命教育以及大学生生命教育的内涵与外延。其次，分析了解高校大学生生命观的现状以及对生命教育的反思。再次，通过辩证分析对高校大学生生命教育的影响因素进行了对应的分析，并综合分析提出了在高校加强大学生生命教育的对策和建议。最后，构建大学生生命教育课程，打造生命教育应用场景。

（二）逻辑结构

基于上述研究思路，本书在逻辑结构上可分为五部分，不含绪论在内合计四个篇章。

绪论从大学生生命教育的提出背景及选题的意义，研究综述、研究思路及逻辑结构对高校大学生生命教育研究主题作了总体上简单的介绍，为下一步详细分析阶段作了铺垫。

第一篇章主要阐述了高校大学生生命教育的相关理论。从生命教育的内涵出发，阐述了生命的起源、内涵、特征等。同时结合当今国内外对生命教育研究的相关理论和实践，阐述了西方的生命教育思想、中国的生命教育思想和马克思主义的生命哲学。对大学生生命教育的内容作了具体的定位，即包括生命的物质性、精神性和社会性等三方面，主要为对生命的存在和保护的探讨、对生命的价值和意义的追问、对生命体之间关系的再认识。

第二篇章是高校大学生生命教育现状分析和教育反思。这一篇章在分析当代高校大学生生命观及高校生命教育实施状况基础上，得出大学生生命情感冷漠化、生命价值多元化、生命责任实用化、生命幸福感弱化以及我国高校大学生思想政治教育缺乏对生命的关怀等结论，从而通过对大学生生命观的审视来反思高校生命教育的实施。关于高校大学生生命教育的影响因素分析主要从高校思想政治教育的理念、内容、校园文化、评价机制和教育环境等方面来展开。

第三篇章是高校大学生生命教育构建的原则和实施的有效途径。这一篇章结合国内外生命教育实施的经验提出了帮助大学生树立正确的生命观的有效途径，包括思想政治教育的理念转变、实施原则、具体内容等，提出了高校大学生生命教育实施的有效途径：重视大学生的生命教育、加强生命教育的理论研究和实践操作、加强生命教育师资队伍的建设、注重大学生对与生命相关内容的学习与实践、开展多样化的生命教育形式、建立专门的心理干预机构等。

第四篇章是高校大学生生命教育实践——基于开设"大学生生命教育"课程的探索。这一篇章主要为课程实践部分，基于大学生生命教育理论研究的基础上打造大学生生命教育的校本课程，将理论与实践结合起来，并在实践中进一步补充和完善大学生生命教育的理论和内涵。主要包括中西生命观对比、生命感恩、生命伴侣、生命关系、生命情感、生命闲暇等实践内容。以此实现大学生生命教育的第一课堂、第二课堂和第三课堂的有效联动，从而进一步提升生命教育的效果，帮助大学生树立正确的生命价值观，享有生命幸福感，面对生命的不确定性有更多的韧性和力量，实现人身心自由全面的发展。

（三）创新之处

本书的创新之处主要体现在以下三点：

一是研究内容新。生命教育近些年才开始在我国兴起，生命教育的出现也为现在社会发展中存在的道德困境指明了出路。研究大学生生命教育，对当今以社会为本位的教育理念是一种全新的阐释，具有时代性。

二是研究角度新。在对高校大学生生命观存在的问题原因分析中,其他作者多从社会环境的急剧变化、学校生命教育课程的缺失、大学生自身经历等三方面来分析其原因。本书着眼于高校思想理论课中生命关怀理念的缺失,来探讨我国大学生生命观出现问题的根本原因所在,这一角度同以往的研究角度是不一样的,针对性更强。

三是同许多同类文章相比,本书阐述的当今大学生生命教育构建的原则和实施的有效途径更加全面且更具操作性。同时,本书还提出了在生命教育过程中应该加入灾难教育、死亡教育以及挫折教育等相关知识的学习和实践。这些都是生命教育中除了学习生命本身结构知识之外更应该关注的,也是我们容易忽视的,因为这些知识直接影响生命主体存在的状态。

第一章 高校大学生生命教育的理论阐述

第一节 生命教育的内涵

教育首先是针对人的教育,是面向生命、尊重生命、完善生命和提升生命的一个过程。生命教育研究的前提是要了解生命的内涵。

一、生命

(一)生命的起源

在古代生产力低下的年代,人们解释不了一些自然现象,于是将希望寄托在神的身上,用神的创造来解释生命的起源,于是有了早期的"女娲造人"。随着人类认知水平的提高和社会的进步,人们开始运用科学从各个角度来解释生命现象,于是有了相对系统的关于生命的概述。

《辞海》中这样定义生命:"由高分子的核酸蛋白体和其他物质组成的生物体所具有的特有现象。能利用外界的物质形成自己的身体和繁殖后代,按照遗传的特点生长、发育、运动,在环境变化时常表现出适应环境的能力。"生命的最初概念源于生物科学,对生命的定义也完全是从生物学的角度来解释的。在生物科学里,认为"生命即蛋白质和核酸的复合体系存在方式,一种特殊的、高级的、复杂的物质运动形式……"。[①] 生命在不断的进化过程中,

---

① 冯契.哲学大词典[M].上海:上海辞书出版社,1992:386.

不断发生变异，产生新的物种，它最基本的过程是新陈代谢；生理学认为生命是具有进食、代谢、排泄、呼吸、运动、生长、生殖和反应性功能的系统；遗传学认为生命是通过基因复制、突变和自然选择而进化的系统；热力学认为生命是一个开放的系统，它通过能量流动和物质循环而不断增加内部秩序。

上述所说的生命都是指广义上的生命，但是我们目前法律意义上的生命主要是指自然人的生命，有着自己的意识，可以理性地思考，有着物质、精神和社会的三重属性。与此同时，其他学科也对人的生命作了相关的解释。其中，心理学认为生命从婴儿期开始缓慢发展；社会学则认为生命大约存在于临床生命期间，生命具有亲在性（即个体性）、有限性、意义性和更新性；医学上对生命的定义则更为具体："①活着的状态：由新陈代谢、生长、繁衍以及对环境的适应所表现出来的特征；动植器官能完成其所有或部分功能的状态。②有机体的出生或发端到死亡之间的时期，从生理学上看，完整的生命始于胎儿，终结于死亡……③将生命物体（动、植物）与非生命、非有机体的化学物或已死的有机物区别开来的特征的总和。"[①]

关于生命的开始，有的人认为应该以受精卵为标准，还有的人认为应该从妊娠第四周等待卵子在子宫牢固植入为准，还有的人认为应该在妊娠的第八周等到婴儿有脑中活动开始算起，还有的人认为应该是从婴儿分娩时期开始算，还有人认为生命开始于出生，首先应该脱离母体，其次还要是活体等。这些说法都有着成立的理由，但是生命教育中的"生命"比较符合最后一种观点，因为教育首先是教育者和受教育者之间的一种互动过程，如果生命还没有脱离母体，或者出生了不是活的，教育也只能够是单方面的表演，最后不会对受教育者的生命状态起到任何帮助作用。

（二）生命的内涵

人的生命由三个因素构成，即生物性、社会性和精神性。墨子说："生，

---

① 黄应全. 死亡与解脱[M]. 北京：作家出版社，1997：14-15.

刑（形）与知处也。"意即生命乃形体与心理的合一：只有形体，没有精神，不能构成生命，反之亦然。荀子云："水火有气而无生，草木有生而无知，禽兽有知而无义；人有气、有生、有知亦且有义，故最为天下贵也。"意思是说，无机物（水火）是没有生命的，发展到植物才有生命，但没有心理；发展到动物才有心理，但没有社会性的"义"；只有人具备气、生、知、义，亦即形体、心理与社会性的统一。

生物性、社会性与精神性这三种生命属性对应着人的自然生命、社会生命、精神生命这三种生命的存在形态。作为自然生命，要学会生存；作为社会生命，要融入社会生活；作为精神生命，要进一步探寻生命的意义。丰富人的自然生命、完善人的社会生命、涵养人的精神生活是生命的理想样态。

生物性，作为社会性与精神性存在的前提，是人作为社会存在物与精神存在物的基本尺度。精神性使人区别于动物，人类正是因为有了精神、意识等的存在，才超越了动物的基本生理本能，具有了精神生命。刘济良先生认为："人的生命诞生和其他生命的出生并没有太大的不同，仅仅是一个肉体自然生命的存在，但是，从完全意义上说，并不能够宣告一个人的产生，随着人的第二次生命力——精神生命的诞生，'人'才真正诞生了。但是，从此以后，人便要在灵肉之间摇摆。"[①]人生由生命和生活组成，生活中的点滴之事犹如生命中的生、老、病、死历程中的一个个节点。生命精神上的享受主要表现为幸福，而幸福的对立面又表现为人的无止境的欲望。精神上的空虚会带来社会的混乱，生命幸福感的降低，所以应该加强大学生生命价值和意义的教育。

与此同时，许多思想家认为置身于社会结构与社会关系网络下的人类生命还具有社会性。德国哲学家约翰·哥特弗雷德·赫尔德的"假如否定人们之间的相互联系和个人与整体相互联系的链条的话，那么人的本性和人的历史对我们来说都是难以理解的，因为我们中的任何一个人光靠自身都不能成

---

① 刘济良. 生命教育论 [M]. 北京：中国社会科学出版社，2004：8.

为人"①和卡尔·马克思的"人的本质不是单个人所固有的抽象物，在其现实性上，它是一切社会关系的总和"②都指向人的社会性。

（三）生命的特征

1. 生命的独特性

生命的独特性意味着人的生命只有一个且只有一次，无法复制，也无法重来。

从生物学上来讲，生命来源于父母基因的重组和混合，属于有性繁殖。"人类生殖细胞中存在23对染色体，有3万到5万个不同的基因，正是数以万计的基因重组使得每一个生命都是独一无二的。"③在自然生命上表现为拥有独一无二的DNA、指纹、虹膜、容貌、笔迹、声音、步态等。任何人都无法选择自己具有哪些遗传因素，也难以改变这些天赋的生物学烙印。即使是同卵双生的双胞胎也会存在不一样的地方。人的生命是最直接、最真实的存在，而个人的价值就在于每个人的生命都是独特而唯一的存在。要尊重每一个生命体的独特性和唯一性。教育中的每个生命主体都作为独一无二的、无可替代的个体而存在。没有独特性就没有个体，也就没有个性。法国存在主义哲学家阿尔贝·加缪指出："自我独特性或唯一性是每个人得以存在的根据和理由，因而也是每个人有其个人价值的理由和根据。"④法国后现代主义哲学家吉尔·德勒兹进一步指出生命独特性的重要性："没有差别的人只是一尊尊丧失个性的木偶。"⑤马克思指出："'特殊的人格'的本质不是人的胡子、血液、抽象的肉体的本性，而是人的社会特质。"⑥

---

① 邹进. 现代德国文化教育学[M]. 太原：山西教育出版社，1992：65.
② 马克思，恩格斯. 马克思恩格斯选集：第1卷[M]. 北京：人民出版社，1995：69.
③ 郑晓江. 生命教育演讲录[M]. 江西人民出版社，2008：98.
④ 加缪. 西西弗的神话[M]. 桂林：广西师范大学出版社，2002.
⑤ 王治河. 当代西方哲学中的"非哲学"[J]. 社会科学战线，1993（2）：115-121.
⑥ 马克思，恩格斯. 马克思恩格斯全集：第3卷[M]. 北京：人民出版社，2002：36.

个性是基于一定的身心基础在一定历史条件下形成和发展起来的个体独特的身心结构及其表现,而独特性则作为个性的外在表现形式和突出特点,是生命主体区别于其他客体的鲜明特征,是与他人不一样的方面。人的独特性与唯一性,要求生命教育要重视生命的珍贵性和差异性,肯定和重视生命的价值,尊重个体价值,尊重学生的生命需要,意识到教育中的人是一个个活生生的生命体,每个个体都有个性;在教育过程中努力捍卫人的自由与尊严,关怀每个生命,努力培养学生敬畏一切"有生之命"。

2. 生命的完整性

生命的完整性既体现在人的生命是生物性、社会性与精神性的统一,还体现在每个生命的生活从学习、工作到娱乐、交友等的完整性。生命属性有自然属性、精神属性和社会属性,我们在关注学生的生命状态时也应该包括这三个方面的内容。美国心理发展学家霍华德·加德纳的多元智能理论不仅反映了人的差异性、开放性与发展性,也有助于理解人的完整性。德国哲学家卡尔·西奥多·雅斯贝尔斯指出:"毋庸置疑,生命是完整的,它有年龄、自我实现、成熟和生命可能性等等形式,作为生命的自我存在也向往着成为完整的,只有通过对生命来说是合适的内在联系,生命才能是完整的。"[①] 珍妮特·凯指出:"学习能力只是儿童发展的一个方面,我们必须承认儿童各方面的发展不是孤立的,而是不可分割的。"[②] 除了学习能力,社会性发展、情感发展水平、身体发育的迟缓或损伤等非智力特质对学生的长远发展亦十分重要。世界观、人生观、价值观三者统一在具体的、现实的、完整的人的身上。完整的人应该是与世界有着丰富关系的人,而教育的过程便是帮助学生建立与世界的联系的过程。生命教育要重视人的完整性,关注学生知情意等方面,关注学生在不同情境中的生命感受与生存境况,引导其学习掌握生存的常识与技能,能够独立面对世界;引导其学会遵循社会的规范和律则,成为受人

---

① 雅斯贝尔斯. 什么是教育 [M]. 邹进, 译. 北京:生活·读书·新知三联书店, 1991:37-38.
② 凯. 爱与责任——教学助理指南 [M]. 北京:北京师范大学出版社, 2006.

尊敬与欢迎的人；引导其探索、领悟生命的价值与意义，享受精神生活。

3. 生命的自主性

自主性，即自己成为自己活动的主体，支配自身、按自身意愿行事的能力与特性。人只有成为发展的主体，才能全面激活潜能，使潜能得以自由地发展，优势潜能才能得到最大限度地发挥。规定性作为主体性最核心的，是生命体在与他人及社会建立联系的过程中所显现出来的主体性。主体性作为主体的内在规定性，是个性的核心，其包含自主性、能动性和超越性三个维度。主体在与他人、与社会的关系之中表现出自主性；主体在对象性活动中，即与客观物质世界的关系中，表现出能动性；主体在与自我关系中表现出超越性。德国哲学家米夏埃尔·兰德曼指出："人要在世界上立足必须具有自主性。"① 英国学者迪尔登认为："自主性有三个特征，独立作出判断；批判性地反思这些判断的倾向；以及依据这些独立的、反思的判断将信念与行为整合起来的倾向。"② 生命教育要重视生命的自主性，教会大学生有较强的独立思考和独立解决问题的能力，能够积极主动地完成各项生命活动的特质；给予学生独立面对的困难，激发其挑战自我、发展自我、实现自我的意愿，充分发挥主体性作用；从而引领学生自我管理、自我发现、自我创造，促进个体自教育和自发展的实现。

4. 生命的精神性

人的生命既包括自然赋予人的肉体生命，又包括后天获得的精神生命和社会生命，一个完整的生命是自然生命、社会生命和精神生命的和谐统一。人生存于世界之中，人生存于自我的意识之中，人能够意识到自身生命在世界之中的活动，并在人的意识之中给出人的活动，人对人的生命活动的意识构成生命的意义。人的生命是一种追求意义的存在。赫舍尔特别强调，"探索有意义的存在是实存的核心"。③ 人生的过程，就是生命个体不断追求生命意

---

① 兰德曼. 哲学人类学[M]. 上海：译文出版社，1988.
② DRAEDEN R F. Education and the Development of Reason[M]. New York: Routlege, 2020.
③ 刘铁芳. 生命与教化——现代性道德教化问题审理[D]. 长沙：湖南师范大学，2003：14.

义、实现生命发展的过程。个体对人生意义的追寻,提升了个体的生命存在,照亮了人的生命之流的方向。因此,人作为生命的存在,就是要从自身生命的自然存在出发,珍惜自己的生命,并在此基础上,超越自然的存在,追求自身存在的价值,从而使人生变得更加有意义。大学生生命教育还应该关注大学生精神主体地位的确立。拥有主体人格的大学生,会自觉进行自身的生命建构,在将生命知识内化的基础上外化为自己的生命行为,与以往在家长或者教师权威性的管制下成长起来的教育模式相比,会更加去享受自己生命带来的快乐和幸福。

5. 生命的实践性

人本身就是一切社会关系的综合,人的生命存在也是与周围的人和物息息相关的,生命具有实践性。高清海先生指出:"人具有双重生命:种生命和类生命。只有从人的双重的生命观出发,才能够真正把握人的本性,理解人之为人、人区别于他物,特别是区别于动物的那种特殊的本质和奥秘。"[①] 德国哲学家格奥尔格·齐美尔用"生命比生命更多"指出生命是一个生生不息的创造过程,在实践中能够不断创造出他物。法国存在主义哲学家让－保罗·萨特认为"人即自为的存在,具有超越的特性"。[②] 人的超越性,即生命体在社会层面能够不断破旧立新、超越自身的特性,生命本身与自我的关系在不断地被超越。要努力把个体从日常生活提升到精神的、超越的层面,努力使生命体内心充盈。生命教育要重视人的社会生命,引导大学生努力使自己的精神世界变得丰富、深刻和纯正。在教育中,我们不仅要呵护人之自然生命,更要启迪学生之社会生命,明白其"为何而生"。

二、生命教育

生命教育一词,最早由美国的杰·唐纳·华特士提出。他在 1968 年开始

---

① 高青海."人"的双重生命观:种生命与类生命[J]. 江海学刊,2001:77-82.
② 萨特. 存在与虚无[M]. 北京:生活·读书·新知三联书店,2007.

倡导和实践生命教育思想。随后，生命教育在全世界范围内发展起来。我国于 20 世纪 90 年代开始对生命教育进行研究。

生命教育有广义和狭义之分，其中广义的生命教育主张在教育中注入生命活力、彰显生命价值，倡导生命化教育的模式，让教育以实现对生命的终极关怀为目标，是一种提倡以人为本的全新教育理念，生命教育是一种全新的教育价值追求。刘济良认为："生命教育就是要尊重生命主体，为其创设生动活泼、充实丰富的环境和条件，以促进生命主体全面、和谐、主动、健康发展的教育。"[①] 狭义的生命教育是指有关生命内容的教育，它包括对生命的知识、生命的情感、生命的价值和责任、生命的质量和幸福感等方面的教育。目的在于教会大学生认识和体验生命、热爱和珍惜生命、尊重和理解生命，从而上升到生命价值的精神追求，最终达到一种自由自在和自我满足的生命状态。

本文研究的生命教育既没有无限扩大生命教育的范围，也没有局限于某一种涉及生命的教育。它是人文关怀教育的一部分，也是人文素质教育的一方面。生命教育倡导高校将以往的应试教育观念转向关注大学生的个体生命状态，是大学生在体验生命的过程中学习和生活而不是被迫接受一些空洞的说教，教会学生正确地处理自己和自己的关系、自己和他人的关系以及自己和社会的和谐关系，让大学生的生命充满幸福感，觉得活着是一件很有乐趣的事情，并自愿将自己的肉体生命上升到价值生命的层面，做一个全面自由发展的人。生命教育具有如下特点：

（一）生命教育首先表现为一种以人为本的教育价值追求

传统的教育更多的是关注教育的政治和文化功能，学生的生命感受被应试教育所掩埋。生命教育作为教育的一种终极价值追求，提倡以学生为本，注重学生主体的生命感受，以学生为起点，也以学生为教育的回归点。它尊

---

① 刘济良. 生命教育论 [M]. 北京：中国社会科学出版社，2004：8-9.

重生命个体，关注生命的独特性和完整性，最终实现个体的生命价值。

（二）生命教育还表现为一种倡导生命体验的教育活动

生命教育重视情感，因为只有让受教育者对生命充满情感并敬畏生命，才能够真正做到热爱和珍惜生命，体味到生命的价值。体验正是提升生命情感的最好方式，将生命知识融入生活体验中，将教育回归到生活，这样更有利于大学生的理解和领悟，更能够让他们明白生命的意义和价值。

（三）生命教育更表现为一种倡导和谐教育的终极目的

这种和谐教育主要涉及个人与自我、与他人、与社会、与自然、与宇宙的关系。人本身就是社会关系的集合体，不可避免地与周围的事物和人发生社会关系，这就使得和谐变得十分重要。生命教育本身围绕生命的和谐而展开，让生命在和谐中更显生机和活力。

第二节　当今国内外的生命教育思想和理论

生命教育是一个新生的产物，从 1968 年在美国首次提出再到 20 世纪 90 年代在我国兴起，只有短短的 50 多年的时间。在这几十年里，国内外关于生命教育的思想和主张都为本文的研究提供了基础和借鉴。

一、西方的生命教育思想

西方最早的生命意识教育发源于古希腊，并出现了众多的学派，但是他们都主张尊重自然的规律，强调对受教育者的尊重，最终在教育下实现个体的全面充分的发展。其中古希腊智者学派的创始人普罗泰戈拉是对人进行哲学解释的第一人，他认为："人是万物的尺度，是存在者存在的尺度，也是不存在者不存在的尺度。"① 但是苏格拉底和柏拉图反对智者学派的经验主义，认为教育就是要使心灵超越本能，最终从感性上升到理性。苏格拉底认为："人生的目的就是要通过教育和时间来了解人，了解人在宇宙中的地位，了解做人的道理。人有了知识，他就懂得如何做人，知道了做人的道理，就算走上了'自我实现'的道路。"② 亚里士多德认为生命由两部分组成：躯体和灵魂。合理的教育应该遵循人的身心发展规律，先是躯体教育，后才是灵魂教育。

14—17世纪的文艺复兴运动带来了人文主义思潮。人文主义的思想强烈地反对在教育中压抑受教育者本性的做法，提倡通过教育使得受教育者的身心和谐发展，主张在教育中尊重个性，使受教育者在快乐中接受教育，从而实现全面发展。其代表人物蒙田在其作品《散文集》中体现了人文主义的思想，他说："我们所训练的，不是心智，也不是身体，而是一个人，我们决不能把两者分开。"③ 文艺复兴运动过后，自然主义的教育思潮代替了人文主义的教育思想，以夸美纽斯和卢梭为代表。西方近代教育思想的开拓者就是夸美纽斯，代表作是《大教学论》，他提出了"泛智论"的教育思想。他认为教育应该与自然界的普遍规律和人与生俱来的天性相适应。卢梭认为："自然教育是完全不能由我们决定的，事物的教育只是在有些方面才能够由我们决定。只有人的教育才是我们能够真正加以控制的。"卢梭强调教育必须遵从人的天性，从人的身心特点来实施教育。

到了近代，文化教育学、存在主义教育和人本主义教育成了生命教育思想的新体现。近代的生存哲学开始反思人们的生存状态，科技的发达和理性主义的主导已经造成了人的"异化"，人的精神和价值开始失落，人性开始远离人的本身。其中，文化教育学以狄尔泰的"生命哲学"为基础，目的是实

---

① 西方哲学原著选读（上卷）. 北京大学哲学系外国哲学史教研室，编译. 北京：商务印书馆，1981：55.
② 滕大春. 外国教育通史：第一卷 [M]. 济南：山东教育出版社，1989：249.
③ 华东师范大学教育系，杭州大学教育系. 西方古代教育论著选 [M]. 北京：人民教育出版社，1985：396.

施回归生活的教育,将人回归为"人",让受教育者在生命体验中升华生命的情感;存在主义教育认为教育应该最终实现受教育者的自我实现,教育受教育者认识到自己的存在,并充分发挥自己存在的价值;人本主义教育以马斯洛和罗杰斯为代表人物,主张教育应以人为出发点和落脚点,在教育中注重人的主体地位,并以潜能的充分发挥和自我的实现为目标。

二、中国的生命教育思想

中国古代的生命教育思想主要以儒家和道家为代表。儒家学派高度颂扬仁义道德,认为仁义道德可以超越人的生命至上,是决定人生死的最高衡量标准。"儒家思想在目标上并不培养具有主体性的个体生命,而是将获得生命置于僵死的规范之中,使之失去了'自我'。"[①] 其中孟子说的"生,亦我所欲也,义,亦我所欲也。二者不可兼得,舍身而取义者也。"是儒家思想将道德价值和社会价值凌驾于人生命之上的典型例子。同时,孔子说过"未知生,焉知死",儒家的生命思想具有很浓厚的现世成分,关注生,少谈死。

与儒家相比,道家主张"无为",主张人的自然本性的自由发展,追求"无事""无欲"。所谓"无事"是指对待万事万物,要"静"以处之,顺乎自然,不勉强地进行人事干预。所谓"无欲"是指除去私心妄念,"生长万物而不据为己有,成长万物而不自居有功,为万物之长而不主宰万物"。道教主张一种积极的人生观,崇尚自然,追求清静无为,建立了超越身心的生命境界。老子认为,生命是最值得珍贵的,其他的名利只是身外之物,轻物重生;庄子认为,用自己的生命损伤换来的名利都是不明智的,应该贵生命,轻名利,爱惜自己的生命。道家的生命思想具有浓厚的避世成分。

到了近现代,又出现了一批关注生命教育的思想家。蔡元培提出了"五育并举"的思想,主张造就有完全人格的人。"五育"主要是指:军国民教

---

① 冯建军. 生命与教育[M]. 北京:教育科学出版社,2004:4.

育、世界观教育、实利主义教育、公民道德教育和美感教育。他倡导运用自然的原则，来充分发挥受教育者的主动性和积极性；陶行知提出了"生活即教育"的教育理念，他批判学生"读死书、死读书、读书死"的现象，力求在教育过程中做到教、学、做的统一；陈鹤琴在陶行知关于教育的批判基础上提出了活教育理论，该理论认为："教育是培养人的社会活动，其出发点是人，其目的依然是人。教育必须首先使人明确人生的目的、意义和价值，把人从传统的习惯性认同中解放出来，使之成为自觉的人。"①

三、马克思主义生命哲学

《自然辩证法》中讲到："生命是蛋白体的存在方式，这个存在方式的基本因素在于和它周围的外部自然界不断地新陈代谢，而且这种新陈代谢一停止，生命就随之停止，结果便是蛋白质的分解。"②

（一）马克思主义关于人的全面自由发展理论

马克思主义关于人的全面发展学说是马克思主义理论的重要组成部分，也是思想政治教育学的理论基础。其中，生命的全面发展是马克思主义始终关注的问题。马克思、恩格斯在《共产党宣言》中指出："代表那存在着阶级和阶级对立的资产阶级旧社会的，将是这样一个联合体，在那里，每个人的自由发展是一切人的自由发展的条件。"马克思主义针对资本主义社会在发展过程中带来的人的"异化"，指出未来世界里的人应该得到全面自由的发展。他在《关于费尔巴哈的提纲》中又进一步指出："费尔巴哈把宗教的本质归结于人的本质。但是，人的本质并不是单个人所固有的抽象物。在现实性上，它是一切社会关系的总和。"

---

① 陈鹤琴. 活教育的教学原则 [M]. 上海：新华书店，1950：89.
② 恩格斯. 自然辩证法 [M]. 北京：人民出版社，2018：291.

马克思主义关于人的全面自由发展理论肯定了人的个体性和社会性。个体性主要指的是生命发展的和谐。个体的生命发展过程包含着很多方面的内容，如文化素质、审美情趣、批判精神、人际交往能力、心理素养等。一个完整的人要想达到自由发展的状态，首先就必须完善自我，才能够很好地驾驭自我，从而去实现自我价值，服务社会；其中社会性是指人是一切社会关系的总和。生命的全面发展，是以社会提供的一切条件为基础的，因此决定了生命自我价值的实现和社会利益的奉献两者之间的统一，我们不能够因为提倡生命的至高无上而去否定国家和社会的利益，因为个人生命和祖国的命运是紧密联系在一起的。

（二）马克思主义的生命价值观

生命的价值由两部分组成，一部分是自我价值，另一个部分是社会价值。马克思主义的生命价值观"是建立在其人生观、价值观的基础之上的，是以辩证唯物主义的科学世界观为基础和指导的，是面向人的全面发展的价值观"。[①] 马克思主义的生命观以所有人都获得全面自由的发展为最终依据，为无产阶级的革命事业——实现社会主义和共产主义而奋斗终身为核心内容。马克思主义的生命价值观有着深刻的内涵：

一是倡导人的生命价值在奉献，不在索取。人的社会属性首先就决定了人只有在一定的社会交往过程中才能够得到归属感和幸福感，因为人在服务社会的同时，也是在证实自己的生命存在价值。

二是真正的幸福不是个人的幸福，而是整个人类的幸福，为了全人类的解放事业，我们甚至可以牺牲自己的生命。每个生命个体都是以社会条件为存在前提的，应该为创造全人类所有人的幸福条件而努力。

马克思主义生命哲学能够给我们很多生命价值以及生命体之间关系处理的启迪，也为本文提供了一个价值标准。

---

① 席学荣. 马克思主义的生命价值观 [J]. 课程教材教学研究（教育研究），2010（Z1）：58.

第三节　大学生生命教育的内涵

生命由三个因素构成，即形体、心理（精神）和社会性。历史唯物主义认为，人的生命具有多重属性。其主要指的是人的自然属性、精神属性和社会属性等。因此，大学生生命教育内涵也主要包括以下三个方面。

一、对生命的存在和保护的探讨

生命的存在和保护主要是针对生命的自然属性来讲的。生命的自然属性是最基本的属性，因为如果没有生命的存在，其他的一切高层次的属性都无法得到显现。物质决定意识，也只有首先保证生命形体的存在，才可能去追求更高层次的精神追求和社会关系的融合。因此，我们应该首先重视生命的存在和保护，主要体现在以下几个方面：

（一）锻炼身体，增强体质

身体是革命的本钱，没有了强健的身体作基础，何谈生命价值和意义。在古代，因为劳累而英年早逝的人有很多。杜甫曾评价诸葛亮道"出师未捷身先死，长使英雄泪满襟"，鲁迅也是一个因为过度劳累致死的例子。在现代，许多名人也正是因为身体疾病的原因，在自己的事业顶峰时期而离开。2009年，著名播音员罗京因为长年工作劳累而死于癌症，著名歌星阿桑也因为乳腺癌医治无效而离开人世，著名歌手迈克尔·杰克逊因为身患皮肤癌而死亡，等等。所以生命教育首先应该是教育学生，除了在日常的学习外更应该注重身体锻炼，为生命之花的持久绽放奠定基础。

（二）认识生命，体验生命

生命教育里关于生命知识的学习，不仅仅包括人的生命，也包括其他生物体的生命形态。它还涉及身体健康教育、心理健康教育、幸福教育、死亡教育、性教育、挫折教育和灾难教育等有关生命的所有知识。其增强生命认知的方式也不再是空洞的说教，而是以形象生动、由浅入深的方式将教育回归到生活当中去，注重生命的体验活动，让大学生对生命的认知和实践统一起来。

（三）面对危险，正当求生

人的一生，总会遇到或多或少的危险境遇。面对危险，我们应该竭力保护自己的生命安全，但是也应该正当求生。这主要指的是，为了国家和民族的利益，我们可以舍小我顾全大我，甚至不惜牺牲自己的生命。面对自然灾害、社会事故和人为的伤害，我们应该运用自身所掌握的生存技能来勇敢地保护自己。与此同时，为了人类的利益，我们可以慷慨赴死，就像毛泽东为刘胡兰题的词"生的伟大，死的光荣"。

二、对生命的价值和意义的追问

刘济良先生认为："人的生命诞生和其他生命的出生并没有太大的不同，仅仅是一个肉体自然生命的存在，但是，从完全意义上说，并不能够宣告一个人的产生，随着人的第二次生命力——精神生命的诞生，'人'才真正诞生了。但是，从此以后，人便要在灵肉之间摇摆。"[①] 人生由生命和生活组成，生活中的点滴之事犹如生命中的生、老、病、死历程中的一个个节点。生命精神上的享受主要表现为幸福，而幸福的对立面又表现为人的无止境的欲望。

---

① 刘济良. 生命的沉思——生命教育理念解读[M]. 北京：中国社会科学出版社，2004：27-28.

精神上的空虚会带来社会的混乱，生命幸福感的降低，所以应该加强大学生生命价值和意义的教育。

生命教育指对大学生进行有关生命价值和意义的教育，让大学生明白什么样的人生才是有意义、有价值的，从而帮助大学生拓展生命的最大意义。生命教育里的生命价值教育同传统以往的价值教育又是不一样的。传统的教育都过于强调以社会为本位，而忽视了受教育者生命个体的存在感受，学生也都是机械地重复课堂里的知识，为考试而忙碌，来不及欣赏生命中的快乐与欢笑；传统的价值教育也都是以强制性的灌输方式来对学生进行一些空洞的关于价值和意义的说教，很少让学生自身进行一定的生命价值体验，这样就使得学生心中形成的价值观同现实情况存在很大的差别。

生命教育里提倡的生命价值观，首先是基于生命基础上的价值教育，让学生在关注生命的当前状态下去寻找符合自身身心发展水平的途径去实现自我，将对生命的认知、实践和体验结合起来。它倡导在价值多元化的形势下去确立主体的价值判断标准，增强学生对社会和他人的认同感，并不断提升自我的价值。

三、对生命体之间关系的再认识

人本身就是一切社会关系的综合，人的生命存在也是与周围的人和物息息相关的，所以生命教育也必然包括"生命体之间关系的教育"。生命体之间的关系主要包括个人和自身、他人、社会、自然之间的关系。

个人和自身之间的关系，主要是指热爱和珍惜自己的生命，善待自己的生命。能够悦纳自我，开发自己的潜能，实现和完善自我。其中，心理健康教育对大学生显得格外重要。

个人与他人之间的关系，主要是指在自己力所能及的情况下去帮助他人，关心他人，欣赏他人。教给学生人际交往技能和社交礼仪，学会更好地与他人相处。面对老弱病残等弱势群体，可以主动热情地去帮助他们，创造和谐的人际关系。

个人与社会之间的关系。人是社会性的动物,理所当然会同社会和集体发生各种关系。生命教育帮助学生理解并处理好个人和社会的关系,在维护好自己利益的同时也去维护集体的利益,努力寻找个人发展和社会发展之间的平衡点。

个人与自然之间的关系,主要是指大学生要感恩和关爱大自然,共同构建人与自然生命共同体。教会学生放慢脚步,善于发现和欣赏大自然中的美的生命元素,给人以精神上的启迪。主要融入大学生生命情感这一部分,在关爱有生之命中爱护大自然,妥善处理人与自然的关系,实现全人类的可持续发展。

生命教育关于对生命体之间关系的再认识,主要是指教育大学生在学会对自己生命存在的认识以及对生命价值的追问外,还应该学会去爱护其他的生命体,对其他的生命个体,对整个社会来尽自己的责任和义务。生命教育要强化大学生的社会责任感,就应该使大学生懂得承担社会责任是其实现自我价值的必由之路。

第二章 高校大学生生命教育现状分析和教育反思

第一节 大学生生命观和高校生命教育现状

一、大学生的生命情感冷漠化现象严重

大学生漠视生命的现象指的是在大学校园中出现的个别学生对自己或他人的生命价值缺乏足够尊重和珍视的态度和行为。近年发生的一些事件让我们为大学生对生命的漠视感到震惊。2002 年，清华大学学生刘海洋用活碱和硫酸残害北京动物园黑熊。2004 年，云南大学学生马加爵因琐事残忍杀害宿舍 6 名同学。2005 年，在全国 23 个省份近 100 所高校内，发生大学生自杀事件 116 起，其中 83 人死亡。2006 年，华南农业大学一周之内有 4 名学生接连跳楼自杀。2008 年教育部直属高校就发生 63 宗大学生自杀事件，其中北京、上海各有 23 宗。2009 年，学生自杀趋势有增无减，仅上半年，北京就有 14 名大学生自杀身亡，广东一高校 2 月份接连发生 3 宗跳楼自杀事件，3 月到 4 月湖北多所高校也连发 5 宗，死者包括博士生、硕士生、本科生及专科生。2009 年 12 月 9 日，上海某高校学生在宿舍卫生间自杀身亡。2013 年，发生了"复旦大学投毒案"。当然，关于大学生漠视生命的案例还远不止这些。

现代大学生自杀、他杀,校园暴力等事件时常发生,而且越来越多的大学生口头禅是"郁闷""没有意思",生命的积极性大大降低。由于缺乏对生命应有的热爱、尊重与珍惜,一旦遇到挫折和委屈,他们往往就会作出极端行为。大学生由于生命意识淡薄,还会漠视和践踏他人的生命。随着大学生自杀、漠视生命、躲避理想、远离崇高的现象与日俱增,一些触目惊心的事实让我们不得不思考:什么原因使得大学生竟如此漠视自己和他人生命的存在。大学生之所以作出这样的举动,很大程度上就是缺乏健康的生命观的引导和教育,也在一定程度上说明生命教育是如此的重要,应该引起高校和全社会对大学生生命教育的关注。

二、大学生的生命价值多元化、生命责任实用化现象明显

2012年,河北大学青年发展研究中心近日发布了《大学生生活质量调研报告》。以全国11所综合性大学的在校本科学生为研究对象,内容涉及人生观、道德观、政治观、生活消费、爱情生活、两性生活、网络生活、心理健康、求职择业等13个主题,每个主题均发放问卷2000多份。报告显示:在职业选择上,大学生更加注重自我价值的实现和经济收入的多少,表现出了很强的务实性。过去,大学毕业分配时,有人喊出了"老三到"的口号,即到基层去,到边疆去,到祖国最需要的地方去。现在则是"新三到"——到中外合资或外资企业去,到国外去,到挣钱多的地方去,这成了当代大学生的主流选择。生命真正全面的价值不仅仅是自我的存在和物质上的享受,更是勇于承担社会责任的表现。当代大学生社会责任感弱化,主要表现在重个人轻社会,重个人需要轻社会需要,重功利轻道义,重索取轻奉献,重物质需要的满足轻精神境界的升华。

这些现象的出现,除了与大学生自身的因素有关之外,还与高校长期以来对大学生的生命价值教育的忽视有关。大学生只有有了正确的生命观,懂得了个人生命与社会责任的休戚与共,才会正确地处理生活中诸多理想与现

实不一致的问题，才能够更懂得珍爱生命、尊重生命、张扬生命的价值和责任。

三、大学生的生命幸福感降低，心理压力无法释放

中国科学院心理研究所、社会科学文献出版社联合发布的《2022年大学生心理健康状况调查报告》显示，大约21.48%的大学生可能存在抑郁风险，45.28%的大学生可能存在焦虑风险。[①]

当代大学生被称为"天之骄子"，所拥有的物质条件和面对的时代机会是前所未有的。在上一代人的眼里，当代的大学生是"很幸福"的一代。然而，就是在这样一代看起来应该足够幸福的大学生心里，生命中的幸福感正在贫困问题、就业问题、情感问题等事情上慢慢地减退，部分大学生还出现了心理困境，内心脆弱，因此出现"摆烂""佛性青年""躺平""网抑云"等名词。当理想与现实产生差距的时候，他们对生命的美好感觉就会消失殆尽，对生命的幸福感也就大大降低了。这个时候，就很需要得到心理上的疏导，很需要有个人来为他指路，最适合充当这个角色的就是学校的生命观教育。心理健康教育、挫折教育等能帮助大学生减少生活中的失落，提升其生命的幸福感。

四、我国高校大学生思想政治教育缺乏对生命的关怀

我国的传统教育仅仅从"生"的角度空谈人的社会责任，在教育中极力宣扬"生的伟大，死的光荣"的人生楷模，忽视了个体的生命体验及生命教育，也很少对生命的保护以及生命本身存在的意义和价值进行讨论。对"死"的认识更是很少提及，使得死亡教育是一片空白，在很大程度上导致不珍惜

---

① 大学生心理健康教育知多少[EB/OL].（2024-04-12）[2024-10-15]. https://health.gmw.cn/2024-04/12/content_37260144.htm.

生命的现象发生。传统教育的整个体系中，关于生命本体的教育理念思考、对生命价值的理论探讨、对生命个体的意义探究在一定程度上都是缺乏的，这样会直接导致教育对象在对生命的体验、对生命的感悟、对生命的理解、对生命的包容上处于相当的弱势状态。

思想政治教育作为教育的重要组成部分，就是为培养和提高受教育者思想道德素质而进行的教育。它对于促进人对自身的超越，提升生命的精神境界，实现人的生命价值，寻求和创造人的生命意义等方面具有重要的作用。高校的思想政治教育应该以人为本，以实现其人文关怀。

第二节　通过对大学生生命观的审视来反思高校生命教育的实施

从以上分析中我们可以看出，当前大学生的生命状态总体上来看还是积极向上的，生命价值取向大都符合社会主义主流价值观，并表示可以做到珍惜并热爱生命。但与此同时，还有部分大学生的生命状况存在一定的问题，如对生命存在错误的认知，生命幸福感降低，自杀念头增多，生活没有乐趣和意义，生命价值务实化和功利化，遇到生命挫折宁愿选择自我发泄也不求助于别人，对其他生命体缺乏信任，自我主义严重，等等。

一、大学生生命观表现出来的特点

随着我国改革开放的发展和不断深入，整个社会的形态和观念都发生了很大的变化。各种思想文化相互激荡，全球化、网络化、信息化正快速发展。这都逐渐地改变了人们的交往方式和思维方式。一方面，大学生享受到了社会进步带来的种种便利；另一方面，面对瞬息万变及复杂多样的现代生活，不少大学生对生命价值和生活意义开始迷茫，找寻不到人生的意义。面对激烈的社会竞争环境、复杂的社会人际关系，身心还不完全成熟的大学生容易受到冲击和影响，极易从社会中吸收一些不良的信息，如错误的金钱观念、性观念、价值观念、人生观念等，这都使得大学生生命价值观呈现多元化的特点。同时，当代大学生生活在一个物质极其充裕的年代，面对物质的丰富多彩以及生活的形式多样，容易受到太多金钱、权力等的干扰，大学生对于生命就容易出现实用主义和功利主义的倾向。在这个过程中，大学生开始把生命的责任定位于自身生活状态的改善，对社会责任置之不理。大学生的生命价值观和生命责任意识变得多元化、务实化。

二、高校实施生命教育的不足

大学生漠视生命、对生命缺乏敬畏、存在"空心症"这些现象的成因复杂，涉及心理健康问题、学业和就业压力、人际关系困扰、生命教育的缺失、社会和家庭影响等多个方面。首先，心理健康问题是导致大学生漠视生命的一个主要原因。一些大学生可能会面临各种心理健康问题，如抑郁症、焦虑症等。这类事件的频发表明，部分大学生在面对心理压力时缺乏有效的应对机制，从而选择极端方式来逃避困境。其次，学业和就业压力也是导致大学生漠视生命的重要因素。许多大学生承受着来自学业、实习、就业等多方面的压力。例如，药家鑫案件中，药家鑫因为撞人后补刀致人死亡，这反映出他在面对突发情况时的极端行为与压力处理不当有关。这些压力如果处理不当，不仅会影响学生的心理健康，还可能引发消极态度和行为。最后，人际关系的困扰也是导致这一问题的重要原因。在大学期间，个体可能面临人际交往的挑战，如同辈竞争、恋爱关系等，例如，马加爵案件和复旦大学投毒案都是由于人际关系紧张导致的极端暴力事件。这些问题有时会导致大学生的情感困扰，甚至产生自我伤害或伤害他人的念头。

此外，生命教育的缺失同样不容忽视。部分大学生没有接受足够的生命教育，无法正确理解生命的价值和生活的意义。例如，有专家指出，当代中国大学生生命困顿，主要表现在生命价值的缺失与生活意义的迷惘上。因此，学校和家庭应加强对生命教育的重视，培养学生对生命的敬畏心，培养出珍视生命的健全人格的大学生。大学生身在校园，高校的教育可以更直接地帮助大学生树立健康的生命观，如果高校不及时疏导大学生面临的身心挫败，大学生就很可能出现种种危及生命的极端反应。但是生命教育在高校实施得并不如人意，大多数大学生就表示所在的高校只是偶尔有生命教育的影子或者只是穿插在其他课程当中，也没有相应的生命体验活动，与大学生实际需求存在脱节现象。

其中，关于死亡教育还处在基础阶段，大学生缺乏对生命的认知和敬畏。

死亡教育是当前生死哲学研究的新领域，是生命教育的重要组成部分，也是生命教育的特殊形式。近年来，随着社会的进步，科学技术的飞速发展，人们在关注和重视生命教育、健康教育的同时，也开始重视死亡教育。因为生死交融，有着千丝万缕的联系。正如恩格斯所说："生就意味着死。"其实，死亡是每个人都要面对的人生环节，是每个人不可避免的结局，它与我们的日常工作、生活、学习密切相关。通过死亡教育，让每个人对死亡有个科学的认识和理解，不惧怕、不回避，坦然地面对死亡，把死亡作为一个现实的问题来看待，从而不断探索"生"的意义，自觉地尊重科学、珍惜时间、把握生命。

美国最初的生命教育就是以死亡教育的形式出现的，传统教育都对死亡避而不谈，我国的死亡教育逐渐在发展中。

死亡教育，就是教给学生关于死亡的知识，让大学生科学地了解死亡，从而正确面对死亡，树立科学的死亡观。从而引导人们领悟死亡本质，探寻死亡意义。由死思生，更加热爱生命，利用有限生命时光创造更多生命奇迹，提高生命质量。让大学生学习生与死的关系，在探讨死亡问题和生与死的关系时，深刻理解生命的伟大和坚强，体会到生的可贵和价值，认识到生命的有限以及精神的无限，提升自我抵御死亡恐惧的能力，达到超越死亡的境界。

艾温·辛格在《我们的迷惘》一书中对死亡解释道："所谓死亡，必须用组成生命的自然动力加以解释。如果抽离了生命的意义,死亡也就没有意义而言。死亡之所以是人类存在的一个极其重要的问题,无非是因为它加入了对生命意义的探究。关于死亡的一切思考,都反映出我们对生命意义的思考。"正因为死亡对生命有意义,而死亡又是不可避免的,所以正确认识死亡的意义就显得尤为重要。

第三节 高校大学生生命教育的影响因素分析

一、高校以社会为本位的教育理念缺乏生命关怀

"教育的基本作用,似乎比任何时候都更在于保证人人享有他们为充分发挥自己的才能和尽可能地掌握自己的命运而需要的思想、判断、感情和想象力方面的自由。"[①] 任何教育首先都应该是从人出发,并最终受益于人的教育,即教育应该是注重人文关怀,以人为本的教育。对学生的人文关怀首先体现在对学生的尊重,即尊重学生生命的独特性、自主性。尊重学生,理解学生,发展学生,这也是思想政治教育以人为本的精神内涵,也是目前学校教育整体发展不可逆转的趋势。

但是现代高校的思想政治教育模式因为过分地"以社会为本位"来强调其社会功能,最终忽视了对学生生命个体的关注,影响了学生的个体生命质量以及自由全面发展的可能。体现在教育理念上,是千篇一律的强制性灌输教育而不是力求大学生自身的自我建构;体现在教育形式上,更多的是课堂讲授而不是学生自主的生命体验活动;体现在教育内容上,主要是知识的传

---

① 联合国教科文组织总部,联合国教科文组织总部中文科.教育——财富蕴藏其中[M].北京:教育科学出版社,1996.

授而不是学生的自主参与和创新等。忽视了对大学生的人文关怀和生命价值意义的思想政治教育，带来的只是适应国家社会主张的"统一产品"，长时间的沉积和压力，大学生身心和人格可能出现问题，自杀等生命危机现象也更易出现。

二、高校思想理论课中缺少生命教育课程的元素

帮助大学生树立正确生命观的最直接有效的办法，是在高校开设专门的生命教育课程。在高校设立专门的生命教育课程，教会大学生系统的生命知识，并在其感性认识的基础上上升到生命价值和意义的理性认识上，带领学生尊重生命、欣赏生命和体验生命、珍惜生命。在美国，自1960年开始，生命教育逐渐成为学校教育中的一门学科。在中国台湾，2006年生命教育被列入高中选修课程。

但是目前我国高校的思想政治教育课程中较少有专门的生命教育课程，有的只是穿插在心理健康教育和校园文化中。除了在内容方面的设置外，思想理论课老师也很少关注这方面的内容，认为是心理课老师的任务，因此也忽视了去引导大学生珍惜生命并超越生命。

三、高校的校园文化缺乏对大学生生命观的引导

所谓隐性课程主要是指"这样的一些教育实践和结果，它们在学校政策、课程计划上并没有明确的规定，然而又是学校经验中最常规的一部分"。[①] 高校除了应该设立专门的生命教育课程外，还应该有相应的隐性课程的存在，其中校园文化就是隐性课程的最好载体。校园文化与课堂上的理论传授相比主要体现在实践和体验上，以更通俗易懂切近大学生生活的形式，引导大学

---

① 江山野.简明国际教育百科全书·课程[M].北京：教育学科出版社，1991：92.

生来思考生与死的问题，思考生命中的成与败，思考生命的奉献与价值等，最终让大学生深入懂得生命的过程和意义，并更加敬畏和珍惜生命。

生命教育在某种意义上来说是一种体验活动，生命知识大部分我们都知道，那为什么还有那么多自杀和他杀的事件发生呢，其中有一部分原因就是缺乏在实践活动中来感悟生命的情感和真谛。"清楚地意识到要成为完整的人全在于自身的不懈努力和对自身的不断超越，并取决于日常生活的指向、生命的每一瞬间和来自灵魂的每一冲动。"① 但是在我国高校目前的校园文化中却很少出现生命教育的主题，也很少有遭遇突发事件的模拟自救训练。

四、高校的评价机制忽视了大学生的生命个体感受

我国传统教育一直就是应试教育，以学生分数的高低作为评价一个学生好坏的依据，这样就造成了很多的社会问题，如大学生的"高分低能""心理疾病"的增多等。一直以来我们也在进行教育改革，针对应试教育，我们提出了素质教育。素质教育的最终目的是塑造全面发展的人，因此也要求考核方式的多样化，除了课堂考试成绩，还应加上其他的平时表现或者创新加分等，这都在一定程度上丰富了学生的知识构成，拓展了学习内容，最大程度地挖掘学生的生命潜质，培养德智体美全方位发展的全方位人才。

但是目前，高校教育对大学生的评价机制依然是对书本知识的复制和重复，依然以考试成绩作为学生的评优衡量指标。这样就导致了不好好学习的学生等到最后结课时来突击老师画出的复习范围，最后也以优异的成绩进入优秀学生的行列。而好好学习的学生出于对书本知识的认真钻研，而忽视了身体锻炼、生理卫生、生存技能等。大学生的自由发展和生命体验在教育的评价机制的基础上变得受限。

---

① 雅斯贝尔斯. 什么是教育[M]. 邹进, 译. 北京: 生活·读书·新知三联书店, 1991: 1.

五、高校的教育环境难见生命教育的影子

马克思主义理论中提到,生产力包括劳动者、劳动工具以及劳动对象。现代教育主客体论表明如果视学生为主体,运用于高校教育环境的过程中,教育者就是劳动者,承担教书育人的功能,高校各种硬件设施就是劳动工具,大学生则成为了劳动对象。当前高校的教育环境往往侧重于学校软件和硬件的配备上,软件主要指的是师资力量,硬件主要指的是各种适用建筑的现代化和齐全化,却容易将劳动对象忽视了。这种忽视主要体现在大学生的个体主观感受上,大学生自我需求的教育内容上以及大学生的自我构建上,这种忽视在某种程度上反映出大学生对于认识自我、发展自我、超越自我的一种渴望。生命教育在当前高校教育环境的缺失,也严重影响到大学生健康的生命观的形成。

大学生生命观的影响因素有四方面:大学生自身、社会、家庭和学校。学生生命教育实施应该是学校、家庭、社会等多方教育力量的共同参与。但家庭和社会对大学生生命教育的参与十分有限。目前高校在大学生生命教育上基本是孤军奋战,缺乏一定的社会支持和家庭协助。与此同时,由于大学生大多是远离家乡,成为住校生,集体生活使得家人的教育鞭长莫及,而社会又不具备生命教育的氛围,也就给学校的生命教育提出了更高的要求。因此,应该加强高校生命教育的教育环境,形成多方的合力,共同为塑造优秀的人才而努力。

第三章　高校大学生生命教育构建的原则和实施的有效途径

第一节　转变高校传统的思想政治教育理念，关注学生个体的生命

我国高校传统的思想政治教育以马克思主义为指导思想，而人的全面自由发展正是马克思主义理论的核心体现，也是最高体现。但是我国高校传统的思想政治教育过多强调的是思想政治教育的目的性和工具性，忽视了对生命主体的关注，主要表现为：思想政治教育的价值取向单纯地强调社会本位，忽视了生命主体的需求；思想政治教育的内容取向带有政治化倾向，忽视了生命主体的身心发展规律；思想政治教育的实施过程倾向于"灌输式"，忽视了生命主体的自我建构。高校作为授业解惑和育人的主战场，首先应该转变传统以社会为本的理念，将出发点和落脚点落实到以大学生为本的基础上，进行人文关怀教育，充分地关注学生个体的生命世界。以人为本的教育价值观，为人的发展提供了多种可能性，同时，也为教育的发展提供了广阔的视野。

"教育面对的是具体的人，是活生生的现实生活，这要求教育向社会开放，向生活开放，从高高在上的知识权威、道德权威，走进普通人的生活，以一种开放的心态，面对社会和生活中的具体问题，这是现代教育发展的必

然趋势。"[①] 教育就是要"帮助每一个人打开眼界看到自己，使他看见、理解、感觉到自己身上的人类自豪的火花……"[②] 教育首先就是要关注学生本身的生命需求，就要以学生为本，实现对学生的人文关怀，其中生命教育就是对学生的一种直接有效的人文关怀的表现。目前，高校开展生命教育都以思想理论课为载体。倡导思想政治教育的生命理念，关注学生个体的生命状态，最好的载体就是在思想理论课中加上生命教育课程。

在生命教育理念里，每个学生的生命体都是独一无二的，每个生命都有着不同的人格特质和志趣。生命教育要尊重每一个生命体的独特性和唯一性。尽力理解和满足每一个生命体，努力挖掘大学生的生命潜质，促使学生在能力允许的范围内充分而自由地发展。首先，任何教育都要应学生的需要而展开，关注学生的生命需求是生命教育和思想政治教育取得成功的重要条件。其次，生命教育还应该关注大学生生命的完整性。生命属性有自然属性、精神属性和社会属性，我们在关注学生的生命状态时应该包括这三个方面的内容。再次，生命教育除了教育学生珍惜生命外，还应该培养其生存能力，升华其精神境界，最终为社会作出贡献，实现其生命价值。最后，生命教育还应该关注大学生主体地位的确立。拥有主体人格的大学生，会自觉进行自身的生命建构，在将生命知识内化的基础上外化为自己的生命行为，与以往在教师权威性的管制下成长起来的教育模式相比，会更加去享受自己生命带来的快乐和幸福。

第二节　高校大学生生命教育构建的原则

原则是指说话或行事所依据的法则和标准。生命教育是以人为本的教育，

[①] 齐学红. 教育的出发点：对个体生命的理解与尊重[J]. 教育评论，2000（5）：4-5.
[②] 程红艳，童仕兵. 呼唤教育的生命意识——生命教育及其对德育的启示[J]. 湖北成人教育学院学报，2001（1）：11-13.

是创造和谐的教育，是体验和感悟的教育，是回归生活的教育。实施生命教育必须遵循以下原则。

一、坚持生命教育理论与实践相结合的原则

教育理论和实践之间的脱节问题一直是教育研究领域里存在的问题。生命教育作为近代史上一个新的产物，还没有一个深厚的理论基础和系统的实际操作体系。开展生命教育首先要加强理论研究，运用正确的理论来教育学生才会有说服力和感染力。与此同时，生命教育除了要对个体进行生命科学知识的传授，还要引导生命个体贴近生活、体验生活。将生命教育生活化，通过体验才能感受生命的真实和活力，在生活实践中将生命的知、情、意、行统一起来，使生命个体丰富其生命体验，增强学生的生命情感。如组织学生野外探险，扶助孤寡孱弱的人，参观监狱、殡仪馆、婴儿房等活动，都会让学生产生对生命的崇敬，并最终思考自己的生命状态。将生命教育的理论和实践统一起来，生命知识的学习再加上生命体验活动的熏陶，会让大学生增加自身对生命的自主性、自觉性、责任感和价值的认同感。

二、坚持社会教育与自我教育相结合的原则

生命教育的教育环境也会在很大程度上考验教育的效果。大学生作为社会关系的一个综合体，也正处在自身人生观价值观的形成时期，除了在学校的教育外，很容易受到一定的社会舆论或者社会现象的影响，最终形成自己的生命观。社会教育在大学生的身心发展过程中十分重要。同时，高校开展生命教育的时候，不管是学校课程教学还是社会实践活动，都需要家长或者社会组织机构的配合和支持。因此，坚持社会教育和大学生自身教育结合的原则，来开展生命教育，积极引导大学生培养健康的生活习惯、人际交往的技能、生活的乐观态度等，让大学生悦纳自我，有积极乐观进取之心，最终

形成社会和学校的多方合力，达到理想的生命教育效果。

三、坚持继承优良传统文化与改进创新相结合的原则

生命教育自古就有，只是没有形成一定的体系。在我国传统文化中，儒家和道家就对生命有着各自不同的看法，他们的生命观也在很大程度上影响了当时人们对生命的态度。同时，在传统的伦理学中也早有"贵生"之说，即提倡贵生贱物，重生轻物，贵生是善待自己的根本原则等。随着时代的发展和社会的进步，传统的生命观已经不能够很好地适应现代人的生存规则了。因此，在实施生命教育的过程中，我们应该坚持继承优良传统文化与改进创新相结合的原则，与时俱进，在时代的洪流中改进创新，探索更适于当今社会的生命教育理论和实践操作体系。借鉴已有的教育成果和经验，吸收已有传统文化中的优秀因子，彰显时代的特征，反映时代人物的生命态度，寻找当代大学生更容易接受和更具有感染力的教育方法，让生命教育理念下的学生始终充满生机和活力，提升学生的幸福感。

第三节　高校大学生生命教育的具体内容

任何教育首先都要应教育对象的需要而展开，关注学生的生命需求是生命教育和思想政治教育取得成功的重要条件。生命教育是旨在帮助学生认识生命、珍惜生命、尊重生命、热爱生命，提升生存技能，提升生命质量的一种教育活动。其具体内容显现在以下几个方面。

一、生命意识教育

大学生需要有关于生命意识的教育，包括对生命起源的认识、对生命本

质的理解、对生理特征的探索、对生理机能运转的认知等，存在于人的生理性、自然性的肉体及其结构层面，具体表现为生命的活力、生命的可能、生命的规律等特征。大学生虽然具有较丰富的知识，但是对生命的认识也依然是个谜。社会科学可以借助于直觉的理解，可以达到人的生活的深处，其出发点就在于知识和智慧。一个人要对自己的生命和生活世界有更好的理解和认知，就需要拥有一定的知识和智慧。高校开展的生命教育，就是给大学生传授有关生命的知识，它涉及关于生命的由浅入深的、形象生动的、贴近生活的各个方面的知识。

生命意识教育是否健全、是否完善，直接关系到主体人的思维发展和社会价值的理解、再造。思维发展及社会价值之生命教育的生长状态可能会对主体人的生理机能产生来自人之自然属性之外的影响，生命意识、思维发展和社会价值三者之间呈现出既相互独立又彼此依存的交互共生关系。生命意识教育帮助大学生形成科学而完整的对生命的认识，从而引导大学生热爱并珍惜生命、敬畏并欣赏生命，并主动去维护生命。生命意识教育包括生命忧患意识的教育、生命体之间和谐意识的教育、生命责任意识以及生命奉献意识的教育。

生命只有一次，人也只有活着，才能够做很多有意义和有价值的事情；我们也不只是为自己而活着，有责任去带给家人和社会幸福。人活着，就要对自己的生命负责。生命意识教育教会大学生如何去欣赏生命中的成功与挫败，帮助大学生树立自我保护的意识，提高对自己和他人生命的保护能力。

二、生命技能教育

大学生需要生命技能教育。因此高校教育不仅要关注大学生的身心发展规律，还要教给学生各种关于生存的知识、技能，以及遇到各种生存危机的处理方法、逃生的本领、自我保护的能力和意识，防止任何可能出现的生命危机事件发生。

生命教育除了教育学生珍惜生命外，还应该培养其生存能力，升华其精神境界，最终为社会作出贡献，实现其生命价值。其中生命技能的教育在于生命的存在和保护，主要是针对生命的自然属性来讲的。生命的自然属性是最基本的属性，因为如果没有生命的存在，其他的一切高层次的属性都无法得到显现。物质决定意识，也只有首先保证生命形体的存在，才可能去追求更高层次的精神追求和社会关系的融合。

三、生命关系教育

人的本质是"一切社会关系的总和"，人与人、人与自然都处在一定的关系中，所以生命教育必然包含"生命关系的教育"。大学生需要处理好人际关系。大学生作为一个社会的人，正处于思想活跃、精力充沛和兴趣广泛的时期，希望被人接纳和认可，迫切需要与他人建立各种关系。

一是个人和自身之间的关系，主要是指热爱和珍惜自己的生命，善待自己的生命。能够悦纳自我，开发自己的潜能，实现和完善自我。其中，心理健康教育对大学生显得格外重要。

二是个人与他人之间的关系，主要是指在自己力所能及的情况下去帮助他人，关心他人，欣赏他人。在与他人相处的过程中，大学生与他人交往时应树立起平等、守信、尊重、宽容和互利的思想，克服一些知觉障碍和品质障碍，调整与他人相处存在的嫉妒、自卑、羞怯和猜疑等不良心理。生命教育要教给学生人际交往技能和社交礼仪，让大学生学会更好地与他人相处。面对老弱病残等弱势群体，可以主动热情地去帮助他们，创造和谐的人际关系。

三是个人与社会之间的关系，人是社会性的动物，理所当然会同社会和集体发生各种关系；生命教育关于对生命体之间关系的再认识，主要是指教育大学生在学会对自己生命存在的认识以及对生命价值的追问外，还应该学会去爱护其他的生命体，对其他的生命个体，对整个社会来尽自己的责任和义务。生命教育要强化大学生的社会责任感，就应该使大学生懂得承担社会责任是其实现自我价值的必由之路。

四是个人与自然的关系。我国古代哲学的核心理念就是以"生命"为中心，认为人类与人类之外的其他生物是一个生命的有机体。"天地与我并生，而万物与我为一"，就是说，天地、万物、人是一个生命有机体，我们应该爱一切人和一切物。对大学生开展生命关系的教育，让大学生认识到，人类与其他生物处在一个生命的有机体中，有着相互依存、相互制约的生态关系，恩格斯在《自然辩证法》中指出，我们不要过分陶醉于人类对自然界的胜利，对于每一次这样的胜利，自然界都对我们进行报复。对大自然保持敬畏之心，正确处理好人与自然的关系。

四、生命情感教育

生命情感教育是生命教育的基本内容，感恩教育是情感教育的基础。情感教育包括诸多内容，其中，感恩教育是教会大学生时时心存感恩，事事心怀感恩，学会感恩生活，感恩他人，感恩生命。只有心存感恩，才能尊重他人，爱他人。感恩教育意识的缺乏在当下大学生中并不罕见。加强感恩教育、培养感恩意识更是完善自身生命和人格、提升道德境界的需要。对于大学生而言，培养感恩意识更应该关注对学生生命情感的培育，以情动人，引导大学生以感恩的心态对待自己、对待他人、对待生活。培养当代大学生的感恩意识可以帮助大学生完善人格，树立正确的价值观。目前，当代大学生是高校传承弘扬中华民族优秀传统文化的主力。培养当代大学生的感恩意识，就是要让大学生学会感恩，激发社会责任感，最终树立正确的价值观。当代大学生作为未来构建和谐社会的主要力量，肩负着民族复兴的伟大任务，对当代大学生实施感恩教育可以使其拥有崇高的理想信念、良好的思想道德素质、强烈的责任感和无私的奉献精神，只有这样，全社会才能形成良好的感恩氛围，才能使当代大学生健康成长为构建和谐社会的主力军。

生命情感教育的目标是培养生命情感意识，树立积极的生命态度，引导个体体验积极的生命情感。疫情防控中涌现出的最美逆行者，他们用最平凡的行动，守护在抗疫的战线上，舍小家顾大家，用自己的生命守护他人的生命，令人动容。疫情当前的生命教育是一种体验教育，重视情感教育才能焕发出生命的情感。

五、生命价值教育

杜威在《明日之学校》中提到："如若舍去孩子身上的自然属性，那便是一个极其抽象的事物；如若舍弃社会中的个人因素，那便只剩下毫无生机的团体"。可见，杜威较为明确地阐述了个体与社会之间的紧密关系，即人之生命的社会价值在个体与社会的互动中得以产生。

生命价值的教育指对大学生进行有关生命价值和意义的教育，让大学生明白什么样的人生才是有意义、有价值的，从而帮助大学生拓展生命的最大意义。生命教育提倡的生命价值观，首先是基于生命基础上的价值教育，学生在关注生命的当前状态下去寻找符合自身身心发展水平的途径去实现自我，将对生命的认知、实践和体验结合起来。它倡导在价值多元化的形势下去确立主体的价值判断标准，增强学生对社会和他人的认同感，并不断提升自我的价值。

生命的价值由两部分组成，一部分是自我价值，另一个部分是社会价值。马克思主义的生命价值观"是建立在其人生观、价值观的基础之上的，是以辩证唯物主义的科学世界观为基础和指导的，是面向人的全面发展的价值观"。[①]

---

① 席学荣. 马克思主义的生命价值观[J]. 课程教材教学研究（教育研究），2010（Z1）：58.

六、生命责任教育

康德曾经说过:"每一个在道德上有价值的人,都要有所承担,没有任何承担、不负责任的东西,不是人而是物件。"[1] 每个生命体都不是单独存在的,是各种社会关系的集合体,因此也就决定了每个人都要承担一定责任,并且不能回避和摆脱责任。大学生的生命责任教育"是以大学生为教育对象而进行的以'负责任'为核心的道德教育,目标是培养大学生的责任意识,唤起大学生的责任感和使命感,从而形成大学生的自我责任感、家庭责任感、他人责任感、社会责任感、职业责任感等"。[2]

对大学生进行生命责任意识的教育,是大学生责任形成赋予的情感、意志和实践,在促进大学生责任主体形成的同时,更加完善自己去适应社会和国家的需要。一个内心充满责任感的大学生是不会轻易地结束自己的生命或者践踏别人的生命的,即使面对困难和挫败,他也会用责任的力量和坚强的意志来克服生命中的磨难,乐观追求真诚的生活。他还会处理好个人和他人、社会的关系。根据大学生的身心发展规律和人生价值变化发展规律,要引导大学生树立正确的集体主义观念和团结合作的精神,将自我的需要和社会的需要统一起来,最终形成强烈的责任感,将自我价值的实现与国家利益的满足实现和谐同步的发展。

七、生命闲暇教育

大学生需要进行生命闲暇的教育。闲暇时间是生命的重要组成部分,是人的自由全面发展的必要条件,是感悟生命价值的重要途径。闲暇是生命健康成长的一种手段,闲暇可为大学生生命的发展搭建更广阔舞台,让我们可

---

[1] 康德. 道德形而上学原理[M]. 苗力田, 译. 上海: 上海人民出版社, 1986: 86.
[2] 杨琼. 论当代大学生责任感的培养[D]. 开封: 河南大学, 2008: 5.

以对生命进行更冷静的沉思。闲暇是生命质量提升的一个过程。闲暇中，大学生可以感受生命的灵动，捕捉生命的精彩，体验生命的意蕴，从而为产生积极的生命创造做准备。闲暇是生命状态呈现的一种方式。闲暇是一种生命状态，是生命存在的一种方式。摒弃闲暇，就意味着没有完整的生命。大学阶段是大学生人生观、价值观以及道德观形成的关键时期，大量的闲暇时间也是一把双刃剑，积极有效地利用则为生命的自由发展提供可能；反之，则可能损害大学生的身心健康，甚至产生危害社会的极端行为。希望通过生命视域下的大学生闲暇教育使之养成良好的闲暇素养，积极有效地度过生命中的每一时刻，提高闲暇生活质量和生命质量，提升大学生的生命意义，帮助大学生实现生命的价值。

教育是生命的教育，教育面对的是生命，发展的是生命。大学生活是人生的黄金期，青年大学生是整个社会最富朝气、最具创造性和生命活力的群体，是祖国的未来、家庭的希望。重视和倡导对大学生的生命教育，不仅意味着对大学生个体自然生命的关切，更意味着对大学生生命价值与人生态度的引领与提升。加强大学生的生命关怀教育，既是落实以人为本的科学发展观和构建社会主义和谐社会的必然要求，也是高等教育所面临的一项重大现实课题。

第四节　高校大学生生命教育实施的有效途径

高校教育作为大学生接受教育的主阵地，应该将生命教育有机渗透在学校教育的各门学科、各个环节、各个方面，只有这样才能让生命教育取得实效。

一、重视大学生的生命教育是前提

人是一个复杂体，生命教育并不能够解决大学生遇到的所有困难和不幸，但是没有生命教育，就会有更多的大学生因为心理调适能力弱或不懂得维护生命的权利等造成更多悲剧的发生。因此高校应重视大学生的生命教育。

从大学生的自身需求来说：大学生大都已经成年，有了一定的生存能力和自我保护的技能，自我意识强，有自己的个性主张。当今世界政治、经济、文化的迅猛发展，不仅给大学生带来了丰富生命的机遇，还有对生命更加困惑的挑战。特别是随着改革开放的进程加快，我们开始增加与世界的联系，西方一些不良的思潮影响了当代思维活跃的大学生们，于是出现了一群唯"物"主义、拜金主义、功利主义的崇拜者。受到不良社会风气的影响，他们开始出现"远离理想、躲避崇高"、玩起"非主流"、沉溺于感官上的享受和无聊的刺激，缺乏正确的生命价值观，以至于对生命无所事事，无所作为。因为缺乏对生命的热爱和激情，一旦遇到挫败，他们往往就会表现出过激的反应。这个时候，其实他们最需要的就是与人沟通，化解心中的困惑，得到别人的帮助，生命的希望之灯必将继续点亮，并照耀远方的航程。

从高校的教育思想转变来说，应该摆脱传统应试教育和功利主义教育的影响，转向生命教育的理念，除了传授应有的知识之外，还应注重学生的人格、道德、审美、心理健康等方面的教育。高校必须转变教育观念，以学生为本，增强对大学生的人文关怀，取代以前把大学生当作认知的工具的错误思想。教育学生珍惜生命，增强生命意识，找回生命的幸福感。确保大学生可以在教育中依然保证自己的独特个性和多样化需求的满足，能够悦纳自己，增强自信心。教育学生尊重每个生命体，与其他生命和谐共处。在自我价值不断实现中奉献社会。

二、加强生命教育的理论研究和实践操作是基础

任何教育都是理论与实践的集合体，生命教育也一样。开展生命教育，不仅要有坚实的理论作基础，还要有生命体验实践活动的强化。只有将这两者统一起来，生命教育才能够达到理想的效果。

（一）加强生命教育的课程建设和理论研究

生命教育并不只是一门课程，更是一种"以生命为本位"的价值追求。它既是所有教育的出发点，也是所有教育的终极目标，因为所有的教育归根结底是人的教育，是为促进人的全面自由发展而开展的。但是独立设置生命教育课程和进行生命教育理论研究，却是实施生命教育的最好载体。生命教育课程应该以促进大学生全面发展为目标，突出个性化和多样化，重点要融入关于生命的知识。高校教务人员应该组织相关的专家，配以专门的生命教育教材，把生命教育作为一门课程落实到大学生的学习中。让大学生通过这门课程的学习，更加科学系统地了解生命，明确生命的责任和意义。与此同时，没有理论作基础，教育是不会长久的。加强生命教育的理论研究，推动生命教育的开展，让大学生在生命教育中丰富自己的生命涵养，拥有正确的生命认识和态度。

（二）加强生命教育实践活动的操作

生命教育强调生命的体验，加强实践活动的操作，会对大学生的教育效果事半功倍。大学生说到生命的有关知识大都可以出口成章，但是其生命行为却往往令我们不可思议，原因就是对生命缺乏一定的领悟和实际的感受。生命教育一个很大的特点：它并不以语言或者理论为主，而大多是通过行为来教育学生，并使之产生心灵的共鸣和人格的熏陶。中国台湾的生命教育就很注重实践的作用，如让学生参观产房、手术室、婴儿房、殡仪馆、火葬场等。学校要利用各种途径来培养学生的生存感受和生命情感，以更形象且具感染力的活动形式来帮助学生了解生命的起源、终结以及生命过程的快乐和幸福。

三、加强生命教育师资队伍的建设是保障

培养一支高素质的、具有生命意识和生命教育能力的教师队伍是实施生

命教育的保证。生命教育应该充分发挥思想理论课的教师、辅导员、班主任以及心理危机干预人员等的作用，使之形成一支生命教育的骨干教师队伍，并确保生命教育师资队伍之间有效地协作和配合。教师和学生是教育活动中两个互相依存又完全独立的生命个体，教师和学生应该处于平等的地位，在互相的交往过程中来实现生命教育的最终目的。一个自身缺乏生命教育的教师不可能与学生进行平等的对话和心灵上的沟通，即使在课堂上对生命是多么的口若悬河，而学生课下依旧我行我素，这种知行不一的现象最终使得生命教育成为一句空话。在生命教育的视野下，教师应该具备的素质主要有以下三点。

（一）教师要有正确的生命观和教育观

生命教育的教师应在教育理念上确立学生的主体地位；要正确地对待学生生命体之间的差异；对生命状态的存在和发展必须有整体意识。要让学生学会与人沟通，学会感受生命中的苦与乐，学会做人，学会拥有正确的生命信仰。

（二）教师应该关爱学生和关爱生命

马斯洛需求层次理论把对尊重和爱的需要作为除了自我实现价值的渴求之外的最大需求。教师是人类灵魂的工程师，应该拥有一片爱心，只有热爱学生，才可能使教育回归人性，让学生焕发出生命活力。在尊重学生的前提下，去信任学生，去关爱生命。

（三）教师要有鲜明独特的个性、积极的情感和高尚的人格及生命创造的意识和能力

生命教育的教师要做的就是使教育回归学生生命，让生命在教育中彰显活力而不是成为灌输的工具，这就要求教师自身是一个独具特色的生命个体。

四、注重大学生对与生命相关的教育内容的学习与实践是补充

生命教育的内容是丰富多彩的，应该让大学生全面认识生命过程中可能遇到的灾难、挫折和死亡。

（一）灾难教育

我国于 2009 年 5 月 11 日发布的首部《中国的减灾行动》指出："中国是世界上自然灾害最为严重的国家之一，70%以上的城市、50%以上的人口分布在气象、地震、地质、海洋等自然灾害严重的地区，平均每年有 3 亿人次因各类自然灾害受灾。"汶川地震又一次检验了人们对灾难的承受能力，也引发了人们对生命的思考。5 月 12 日已经被定位为每年的"防灾减灾日"，目的就是时时提醒人们，要有灾难的防范意识。

灾难教育相对于其他教育而言，有着不可比拟的效果优势。真人真事，会让大学生更加深入地了解生与死、了解生命的唯一性和脆弱性等。灾难教育是生命教育的一部分，它用事实说话，更加的生动和具体，也是大学生很缺乏很需要的教育内容。如"5·12"汶川大地震后，人们对生命的重新审视，会让大学生真正地近距离来接触死亡，触目惊心的同时带给他们更多的是思考，这比起那些传统的说教教育形式更加具有说服力。只有当大学生在心里真正建构起生命是宝贵的这个神圣的信念后，大学生自杀或者他杀的事件才会真正地得到遏制。

同时，灾难教育在实施的过程中具有以下特点：首先，不应该只是在灾难过后来对人们进行教育，那时已经成了"马后炮"；其次，也不应该只存在口号和表面层次，只是响应国家的号召或者作为政绩来走过场，而是应该真正地落到实处，让大学生有真正的情感体验并达到共鸣；再次，灾难教育还应该普及，而不应该只在"5 月 12 日防灾减灾日"这一天来大肆渲染，其他时间却不闻不问；最后，应该把灾难教育作为一项专门而系统的工作来抓，

因为它除了需要大量的安全知识外，还涉及科学规范的逃生技能训练，同时还需要学校、家庭与社会的通力合作。

（二）挫折教育

"挫折是指人们在某种动机的推动下，由于目标受阻身处逆境而产生的消极情绪反应。广义的挫折还包括挫折情景和挫折认知。"[①] 同在挫折当中，并不是所有的大学生都会产生心理危机，但是它确实是引发生命危机的一个刺激因素。对大学生进行挫折教育，帮助大学生分析挫折产生的原因并寻找跨越挫折的办法，这样可以让大学生更经得起打击，更坚强地去面对挫败，从而摆脱行为失常的可能以及不稳定的因素。

挫折教育帮助大学生坚强地渡过生命危机。人一生的成长道路都是由主客观诸多因素综合作用形成的，每个人在生活里都不可能是一帆风顺的，逆境和危机是生命中的一部分，我们无法选择和回避。每个人都希望成功能够永远伴随自己，但是又不得不承认，逆境和挫败只是人生中的一个小小的插曲，生命只有在不断战胜困难中才有意义和乐趣。我们要做的应该是利用挫折，来锻炼自己的勇气和解决问题的能力。总结失败的原因，吸取教训，完善自己，并向生命的下一阶段冲刺。

（三）死亡教育

法国作家蒙田曾说："对死亡的熟思也是对自由的熟思。"[②] "生命总是和它的必然结果，即总是以萌芽状态存在于生命中的死亡联系起来加以考虑的。"[③] 美国最初的生命教育就是以死亡教育的形式出现的，传统教育都对死亡避而不谈，我国的死亡教育几乎还是空白。

死亡教育，就是教给学生关于死亡的知识，让大学生科学地了解死亡，

---

① 段鑫星，陈婧. 大学生心理危机干预 [M]. 北京：科学出版社，2006：143.
② 冯建军. 生命教育：引导学生走好人生之路 [J]. 思想·理论·教育，2003（6）：29-32.
③ 汤元军. 论生命教育的三个维度 [J]. 湖北教育学院学报，2007（2）：104-106.

从而正确面对死亡。让大学生学习生与死的关系，在探讨死亡问题和生与死的关系时，深刻理解生命的伟大和坚强，体会到生的可贵和价值，认识到生命的有限以及精神的无限，提升自我抵御死亡恐惧的能力，达到超越死亡的境界。

一是帮助大学生明白生与死的辩证关系。每个人都有生死，生是人生的起点，死是人生的终点，它们是对立又统一的相伴体；没有生就没有死，没有死也就无所谓生；生命的过程就是从生到死这一路途中的所有经历。毛泽东于1937年8月在《矛盾论》中指出："没有生，死就不见；没有死，生也不见。没有上，无所谓下；没有下，也无所谓上。没有祸，无所谓福；没有福，也无所谓祸。"

二是通过死亡学会珍惜活着的幸福。死亡其实并不可怕，只是生命的一个过程到了终点，每个人都会有生命终结的这一天，我们能够珍惜的也只是短短的几十年的时间。除了我们长大和学习需要的二十五年，除去我们老去和退休后的二十五年，我们工作和生活的时间也只有短短的二三十年。所以我们应该珍惜活着的幸福，而且要好好地活着，不浪费生命中的一分一秒。

三是理解正当求死的意义。我们倡导生命的珍贵，但是不支持为了活着而不顾一切国家利益和自身的职业道德而卑微地活着，如卖国贼、汉奸、"范跑跑"之流的人物，我们应该唾弃。在民族的大义面前，我们可以选择牺牲小我而成全大我，可以正当求死，因为这样的人"虽死犹荣"。

五、多样化的生命教育形式是保证

生命教育应该有多样化的教育形式，开展丰富多彩的校园文化活动，积极组织和安排寓教于乐的课外生活。校园文化作为隐性课程的主要载体，以其灵活、立体、生动的方式，直接或间接地影响大学生的世界观、人生观、价值观的形成。将生命教育融入校园文化活动中，采取多种形式相结合的原则，使校园里处处都渗透生命教育。

（一）充分发挥社会团体的功能

吸纳有意向和热情的成员，积极宣传和组织生命体验的相关活动。主题演讲、辩论赛、诗歌朗诵等，这些都是很好的教育形式。同时在社会团体中充分发挥组织的优势，在潜移默化中让大学生感受到合作的意义和团结的力量，将生命的力量发挥到最大。

（二）充分利用广播、电视和网络等教育载体

大学生除了在课堂上吸收知识外，更多地还受宣传媒介的影响。这些宣传媒介，辐射范围广，影响大。生命教育可以充分运用这些媒介，对大学生进行相应的健康的生命舆论导向，帮助大学生认识生命，热爱生命，享受生命的乐趣。

（三）组织跟生命教育有关的主题活动

可以邀请专家开展关于生命教育的讲座，举办有关的书画展、摄影展，带领学生参观监狱并听取"忏悔教育"，将警察请进校园讲解面临生命危险时如何自救和保全自己的生命，组织志愿者活动如参观孤儿院或者帮助他人，带领学生参观烈士陵园和伟人故居等，这些都可以让大学生身临其境地感受到对生命的热爱和珍惜，让他们在实践中体验生命，增强生命情感。

六、建立专门的心理干预机构是关键

一个人的身、心是分不开的，生理影响心理，心理同时也会引起身体的不适。高校开展生命教育要高度重视大学生的心理健康教育，努力提供良好的身心发展空间，采取心理辅导和咨询等多样化的教育形式来帮助大学生解除身心的压力和对生命的困惑，树立正确的生命观。生命教育与心理健康教育是紧密联合的，心理健康教育是生命教育过程中必不可少的一个内容，而

建立专门的心理干预机构显得十分必要。

(一) 有专门的心理咨询室

新时代的大学生面临着学习、就业、经济和情感等方面的多重压力，独生子女家庭环境和日益"内卷"的社会环境使大学生成为心理问题的高发群体，应有更多心理压力疏导的平台和载体。目前，心理健康教育成为当代学校教育的重要组成部分，需要以心理咨询室为平台，针对大学生开展心理咨询工作，让大学生心理咨询室成为大学生心灵的暂时避难所，让大学生带着伤痛和沮丧进来，带着微笑和信心走出去，就显得尤为重要。

(二) 有专业的心理咨询师

专业的心理咨询师在大学生的心理健康教育中显得格外重要，他们充当的角色是高校其他任何教师和工作人员所代替不了的。只有专业的心理咨询师，才能够更准确地把握住有心理危机的大学生的情况，才能够及时地预警和教育，将危险边缘的大学生拉回正道，避免悲剧的发生。

教育是生命的教育，教育面对的是生命，发展的是生命。大学生活是人生的黄金期，青年大学生是整个社会最富朝气、最具创造性和生命活力的群体，是祖国的未来、家庭的希望。重视和倡导对大学生的生命关怀教育，不仅意味着对大学生个体自然生命的关切，更意味着对大学生生命价值与人生态度的引领与提升。加强大学生的生命关怀教育，是高等教育所面临的一项重大现实课题。

第四章 高校大学生生命教育实践
——基于开设"大学生生命教育"课程的探索

高校大学生生命教育实效性取向直接影响着大学生对生命认知、生命情感、生命道德和生命价值的认知。国内部分学者如林建荣认为"开设独立的生命教育课是学校实施生命教育的最基本的途径。"[①] 目前,帮助大学生树立正确生命观的最直接有效的办法,是在高校开设专门的生命教育课程,促进大学生的身心健康和高校的和谐发展。

笔者研发并开设的"大学生生命教育"课程于2015年第一次线下以选修课方式开设,2017年经校级课程思政示范课建设立项。2022年笔者在智慧树平台上线了"大学生生命教育"课程,截至2024年8月18日,选课人次1.46万人,选课学校12所,公众学习者所属学校125所,累计互动22.38万次,累计浏览2.19万人次。

以下为该课程的部分核心单元,主要从生命观、生命认知、生命感恩、生命伴侣、生命关系、生命情感、生命闲暇等方面来展开大学生生命教育,教会大学生学习与生活。

第一节 "大学生生命教育"课程的理念

大学生生命教育以"三生教育"为理论基础,帮助大学生认识生命,促

---

① 林建荣.生命教育:内涵诉求与规范实践[J].集美大学学报:教育科学版,2008(3):7-30.

进成长，学会生活。"三生教育"是学校德育范畴的概念，其包括"生命教育""生存教育""生活教育"。让每一位教师和学生认识生命、尊重生命、珍爱生命，关心自己和家人。珍惜生活，关心他人和集体，树立正确的生活目标。学习生存知识，保护生态环境，关心社会和自然，强化生存意志，提高生存的适应能力和创造能力。

第一，通过生命教育，使学生认识人类自然生命、精神生命和社会生命的存在和发展规律。

认识个体的自我生命和他人的生命，认识生命的生老病死过程，认识自然界其他物种的生命存在和发展规律，最终树立正确的生命观，领悟生命的价值和意义。要以个体的生命为着眼点，在与自我、他人、自然建立和谐关系的过程中，促进生命的和谐发展。

第二，通过生存教育，使学生认识生存及提高生存能力的意义，树立人与自然、社会和谐发展的正确生存观。

帮助学生建立适合个体的生存追求，学会判断和选择正确的生存方式，学会应对生存危机和摆脱生存困境，善待生存挫折，形成一定的劳动能力，能够合法、高效和较好地解决安身立命的问题。

第三，通过生活教育，使学生认识生活的意义，热爱生活，为生活奋斗，创造幸福生活。

理解生活是由物质生活和精神生活、个人生活和社会生活、职业生活和公共生活等组成的复合体；提高生活能力，培养爱心和感恩之心，培养社会责任感，形成立足现实、着眼未来的生活追求；教育学生学会正确的生活比较和生活选择，理解生活的真谛，能够处理好学习与休闲、工作与生活的关系。

大学生生命教育正是融合了"三生教育"的理念。当前在校大学生正面临着人生发展最为关键的时期。时代要求我们要在学习生活各方面全方位面对和思考，如何正确处理个体与社会的关系等一系列重大问题，树立正确的人生观，对于每一位大学生的健康发展都具有重大的意义。生命教育的开展与实施，对于引导和树立大学生科学的人生价值观具有深远的影响。

第二节　生命观：中西生命观对比

学习目标：学习本节，要求学生理解"何为科学的生命观"概念，能够运用本单元知识正确理解生活里"灵魂、轮回、转世"等宗教领域关于生命的说法，学会辨析中外生命观以及对生死问题提出的许多有价值的看法，从而明确人们对生与死的根本看法和态度。学习目的在于培养马克思主义的生命价值观，对生与死有科学的价值评价，从而形成科学的生命态度。

大学生生命观这一节分为三部分：一是传统文化生命观；二是西方生命观；三是马克思主义生命观。

生命观是指人们对生命和死亡的看法，还包含对生命的意义与价值的看法。生命观一直以来备受哲学家、思想家们的关注，他们从不同角度阐述了对人的生命的尊重，对人的自然生命的爱护以及对人的生命价值的探讨。当然由于中西方有着不同的文化背景，使得中西方对待生命的看法有着显著差异，接下来分别介绍传统文化生命观、西方生命观以及马克思主义生命观。

一、传统文化生命观

2014年10月15日，习近平总书记在文艺工作座谈会上指出："中华优秀传统文化是中华民族的精神命脉，是涵养社会主义核心价值观的重要源泉，也是我们在世界文化激荡中站稳脚跟的坚实根基。要结合新的时代条件传承和弘扬中华优秀传统文化，传承和弘扬中华美学精神。"[①]

2023年6月2日，习近平总书记在文化传承发展座谈会上指出："我们必

---

① 习近平.中华优秀传统文化是中华民族的精神命脉[N].人民日报，2014-10-16。

须坚持马克思主义中国化时代化，传承发展中华优秀传统文化，促进外来文化本土化，不断培育和创造新时代中国特色社会主义文化。"①

由儒、释、道三大支柱构成的中国传统文化向来关注生命，提出了许多充满智慧的思想，这些思想对我们认识生命的价值、解决当代人面临的生命问题仍然有着现实意义。

（一）儒家的生命观

1. 天道贵生

如何看待人类生命的价值是儒家首先关注的生命伦理问题。儒家侧重从人与社会的关系中来考察和确定人的生命价值。儒家首先将包括人类在内的自然万物的生长视为天地的本性，对于天地万物生生不息的自然现象，儒家创始人孔子赞叹不已："天何言哉，四时行焉，百物生焉。"（《论语·阳货》）既然生乃天地大德，根据天人合一的道理，人道效仿天道，因此贵生是必须的。

儒家十分强调人在宇宙间的崇高地位，认为人是万物之灵和天地之性。人类又何以成为万物之灵呢？儒家的回答是因为人具有伦理道德意识，《荀子·王制》曰："水火有气而无生，草木有生而无知，禽兽有知而无义，人有气有生有知，亦且有义，故最为天下贵也。"并且，正是因为宇宙中只有人有伦理道德意识，因而儒家认为"人贵于物"。《论语·乡党》记载马厩失火，孔子从朝廷回来后问"伤人乎"，而"不问马"。在儒家，尤其是先秦儒家看来，人类生命的价值是至高无上的。

出于贵生精神，儒家反对任何亵渎人类生命的行为。孔子对春秋时期的陶俑殉葬发出尖锐的诅咒："始作俑者，其无后乎！"（《孟子·梁惠王上》）儒家重视的不仅是人的肉体生命，还包括其精神生命。相对于人的肉体生命而言，精神生命有着更为重要的价值。儒家护敬父母所赐予的身体，其前提是

---

① 习近平. 在文化传承发展座谈会上的讲话[J]. 求知，2023（9）：4-7.

人的肉体生命与精神生命没有发生冲突，一旦它与更高的社会价值发生冲突，儒家就要求人们"杀身成仁"和"舍生取义"。

2. 仁爱生命

儒家认为，既然天道贵生，人道理应顺应和遵循天道，将生命视为道德关怀的对象，懂得仁爱为怀。儒家的仁爱对象不仅限于人类生命，还推及自然界中其他生命，主要体现在对这些生命的恻隐之心和"无伤"的悲悯情怀。如孔子主张"钓而不纲，弋不射宿"（《论语·述而》)，宋儒张载甚至将仁爱精神推广到非生命物质，提出"民吾同胞，物吾与也"（《正蒙·乾称》）的思想，认为天下所有人都是我的同胞兄弟，外物都是我的同伴朋友。

3. 以和为贵

从敬重生命和热爱生命的思想出发，儒家必然会重视生命和谐，将生命和谐作为其价值追求，正所谓"礼之用，和为贵"（《论语·学而》）。生命和谐主要包括个人生命的身心和谐、个人的社会生命和谐（即人与人之间的和谐）以及人的生命与自然界有机体生命之间的和谐。其中，个人身心和谐是人与人之间的和谐、人与自然之间的和谐的前提。对于个人身心和谐，儒家强调自身修养是实现这一目标的关键。儒家认为，身心可以相互促进，修身能够养性，养性也有利于修身，修身养性的实质就是解决自我意识、思想、情感、行为是否得当以及应当如何等问题。至于如何修身，《礼记·大学》这样说："欲修其身者，先正其心；欲正其心者，先诚其意；欲诚其意者，先致其知；致知在格物。"

对于人与人之间的和谐，儒家主要通过倡导行"仁"以实现这一目标。"仁"包含了"恭、宽、信、敏、惠"等众多道德规范在内，其核心是爱人，为此必须践行忠道和恕道。所谓忠道是指"己欲立而立人，己欲达而达人"（《论语·雍也》），意即自己要生存、发展和完善，也要让别人生存、发展和完善，这是从积极方面谈爱人。恕道则是指"己所不欲，勿施于人"（《论语·颜渊》），意即自己不愿意要的，决不强加于人，这是从消极方面谈爱人。儒家认为，如果人们都能为他人设身处地着想，将仁爱之情推及他人，那么人与人之间的关系就会融洽。

对于人与自然的和谐，儒家提出"天人合一"的观念，主张把人类生命放在整个自然界中加以考虑，强调人与自然界之间的相互联系与和谐统一。儒家认为，人与天具有相同的本性，它们是相通的，即如董仲舒所言"以类合之，天人一也"（《春秋·繁露》）。

4. 超越生命

儒家的身心关系问题，其实质就是生命的存在与超越问题。生命的存在主要表现为肉体的存在，而生命的超越则总是精神的超越。肉体生命总是有限的，但人总是希求克服生命的有限，追求生命的无限，因而人总是要追求超越的，亦即将有限的生命投入到某种无限的存在之中。在儒家看来，生是一件快乐的事情，因此孟子论述君子三乐的时候认为"父母俱存，兄弟无故，一乐也"（《孟子·离娄上》）。反之，死是一件悲哀的事情，如《论语·先进》记载孔子为颜回的死去而深感悲痛："颜渊死，子哭之恸。"恸就是哀伤过度，过于悲痛的意思。

儒家"乐生哀死"，但并不回避死亡这一现实。儒家之追求生命的超越，是诉诸群体。这是因为，个人肉体生命总是速朽的，然而群体生存则是不朽的。所以，儒家讲"三不朽"即立德、立功、立言，就是在群体存在的无限中追求个体生命的不朽。在儒家看来，生命的道德价值是比生命更为重要的东西，所以才有了"杀身成仁"（孔子）、"舍生取义"（孟子），这其实都是将个体有限的生命融入生生不息的群体无限的生命之中，因为"仁""义"的本质正是保障群体生存的条件，因而也就成为儒家追求的最高心灵境界。

（二）道家的生命观

道家文化是中华民族传统文化的主干之一，它在长期的发展过程中，对我国古代哲学、宗教、道德、政治、科技、文学、艺术诸领域都产生过深刻的影响。道家文化蕴含着丰富的贵生、养生思想，更有关于生命超越的独特方法，这对于解决现代人所面临的精神困境大有裨益。道家对生命价值的思考有三个原则。

1. 生命至上原则

道家对生命的重视体现在将生命与物的对比之中。道家认为生命才是最为宝贵的，功名利禄与生命相比都显得次要。《老子》第十三章曰："宠辱若惊，贵大患若身。何谓宠辱若惊？宠为下，得之若惊，失之若惊，是谓宠辱若惊。何谓贵大患若身？吾所以有大患者，为吾有身，及吾无身，吾有何患？故贵以身为天下，若可寄天下；爱以身为天下，若可托天下。"老子在本章提出了贵身的思想，并主张把这样的理念推行到国家的治理中去。人们看重自己的身体就好像重视祸患一样，之所以遇到祸患，是因为要挂念自身，如果不去挂念，就没有什么祸患了。能够把天下看得像自己的身体一样重要，才可以把天下的重任寄交给他；能够爱护天下就像爱护自己的身体一样，才可以把天下的重任托付给他。

2. 生命平等原则

道家认为万物都是平等的。《老子》第五章曰："天地不仁，以万物为刍（刍）狗。"天地对万物没有偏爱，任其自然发展。《庄子·秋水》言："以道观之，物无贵贱。"天地万物与人生而平等，并无贵贱之分，没有理由贵人贱物、厚此薄彼。

道家认为生命之间的平等关系不仅存在于人类和不同物种之间，更应该存在于人类内部，具体包括两个方面，一是人类个体之间的平等，二是男女性别之间的平等。个体之间生命的平等性是道家生命平等思想的题中之意。外在名利与生命相比，自然是生命为重，因此我们不应以财富、品德、立场等作为标准将生命区别对待。《老子》第二十七章言："是以圣人常善救人，故无弃人。"第四十九章言："善者，吾善之；不善者，吾亦善之。"都是说圣人对世俗中的善人和不善之人都能够一视同仁。

3. 生命主体原则

道家对生命价值的重视与弘扬还在于强调人的主体性。在道家文化中，人的主体性首先是通过人对自身命运的掌握及人与道的互动表现出来的。老子是中国第一个明确指出人的卓越位置的哲学家。《老子》第二十五章将人与道并立:"道大,天大,地大,人亦大。域中有四大,而人居其一焉。"这表明在人与道的互动中,人并不是处于一种被动追求的地位,而是在与道平等的前提下,自身主动去求道、体道以致得道,人的命运也随着求道实践而发展升华。道教的"我命在我,不属天地"的思想,突出反映了人对自身命运的掌控。

生命主体原则,必然以提倡个性为前提,而个性则体现了人对自由的追求。道家追求心灵自由,身入世而心出世,既保证了个体的群体性生活需要,同时又满足了个体在最大限度内对理想生活的追求,为个体在现实生活的紧张中提供了一个休憩的场所。庄子所追求的人生境界——逍遥游即精神自由。道家对个体自由的重视体现了其对生命主体性的重视。

道家的生命关怀既体现在对生命价值的思考上,同时强调如何安顿生命,善待生命,从而实现对生命的超越。超越方式可分为内在超越、外在超越和终极超越三个方面。内在超越针对心灵的异化,外在超越针对复杂的社会,终极超越针对生命的有限性。《老子》第三十八章说:"大丈夫处其厚,不居其薄;处其实,不居其华。"大丈夫并不能够用社会地位的高下或者财富的多寡去衡量,只有返璞归真的人才称得上真正的大丈夫。明代洪应明在《菜根谭》中用浅白的话对这一观点进行总结道:"文章做到极处,无有他奇,只是恰好;人品做到极处,无有他异,只是本色。"[1] 怎样做到返璞归真呢?道家特别强调了两点:其一,少私寡欲。《老子》第四十六章说:"咎莫大于欲得;祸莫大于不知足。"欲望太多,既伤身又伤神,它是祸患的根源。其二,致虚守静。复归于真朴,既要反对多欲,还要善于使心灵保持宁静。老子认为,清静无为是道的特性之一,故治国要清静,养生亦需清静。

道家生命思想的主旨在于使现实世界中个体存在的自然生命得以保全和安顿,并在此基础上通过"道"的引导使个体生命的精神、灵魂超越于世俗

---

[1] 洪应明,李伟.菜根谭全编[M].长沙:岳麓书社,2006:28.

繁杂的束缚和肉体生命的生死限制，进而达到在与天地宇宙的沟通和感悟中，体验生命的快乐。

佛家以人生解脱、普度众生为教旨，在生命关切的基点上确立了以众生平等为基础的生命平等观、以慈悲为核心的生命价值观和以涅槃为目标的生命超越观。

尽管儒、释、道对生命最深层次的看法有所不同，但其生命伦理精神是一致的。它们都主张以贵生精神看待生命的价值，以平等精神衡量各个生命的价值，以仁爱精神善待一切生命，以和谐精神调节生命之间的关系，并以超越精神面对生命的终结。

二、西方生命观

西方国家与我国的政治、宗教、文化等有较大差异，两者的生命观也有所不同。一般来说，中国强调在社会价值中能更好地实现自己的生命价值，而西方大多追求个人价值，强调生命的个人权利。接下来我们就来介绍西方的思想家们如何看待生命以及生命的价值。

（一）古希腊时期的生命思想

对人的生活、生命的关注和重视是古希腊时期的一个重要的文化哲学理念。古希腊人把个人的生命价值与生活是否幸福紧紧联系在一起，他们追求生活的幸福和优越，追求生命的意义和价值，追求人格的完善和高尚，追求人性的崇高和辉煌。其代表人物是毕达哥拉斯、苏格拉底和柏拉图。

毕达哥拉斯是古希腊最早明确地主张要重视人的生命，要关切人的生命，倡导"生命和谐"的哲学家。他主张在人世间，唯有生命最可贵，而且一切生命都是平等的，都是尊贵的，也都是神圣的。

苏格拉底是第一个"把人们的眼光从天上拉到地上"的哲学家，他认为生命的真正意义和最高价值在于人自己的心灵，在于人的现实生活，在于人的灵魂的丰富和安宁。苏格拉底强调人要对自己的人生、自己的生命不断地进行反思,不断去追求更加美好的幸福生活,他认为,"生活得最好的人是那些努力研究如何能生活得最好的人;最幸福的人是那些意识到自己是在越过越好的人"[①]。苏格拉底面对死亡的态度让人钦佩,他宁愿失欢于众、获罪于邦,而绝不折腰。他以其勇敢走向死亡的行为向世人昭示了生命的价值在于维护真理。

柏拉图是古希腊最著名的哲学家和思想家,他继承了苏格拉底的充满智慧和创新意义的生命观,在苏格拉底思想的基础上,又进一步把人的生命与生活中一切美好的属性,把从经验事物与主观感受中抽象出来的一般规定性,与人的感性存在分离开来,使其成为独立而绝对的理念。

(二)中世纪的生命思想

在中世纪,人对上帝绝对的信仰在人的生命中居于核心和支配地位,抽象的信仰压抑了人的生命激情,崇高的神性泯灭了可贵的人性。人除了对上帝的绝对信仰和依赖以外,几乎没有了对自己现实生命的关怀与呵护。人的生命欲望被严格禁止,人的生命冲动被严酷地扼杀,人的生命情感遭到无情地封杀。在这种情况下,由古希腊先哲所开创的对人的现实生活、本真生命的重视、关注和呵护的人文传统,在中世纪消失殆尽。

(三)西方近代的生命思想

文艺复兴开始了近代西方人文主义的传统,人的生命、人的尊严、人的价值得到了前所未有的重视和尊重。帕斯卡尔、卢梭等一批哲学家用清新质朴自然的思路来探讨生命的本质和价值。布莱斯·帕斯卡尔是17世纪法国最具天才的数学家、物理学家和哲学家。帕斯卡尔从人们心中最深处的困惑和不安出发,开始从根本上去思考人的生命本质问题。他认为人要对自己的生

---

① 色诺芬.回忆苏格拉底[M].吴永泉,译.北京:商务印书馆,1984:186.

命进行思考、进行追问。他认为人最不堪忍受的就是无聊和空闲，因为人在这种情况下就会无所事事、无所用心，就会对自己的生命没有激情、没有冲动，而在他的灵魂深处就会出现无聊、阴沉、悲哀、忧伤、烦恼和绝望，他就会找不到生活的目标，找不到自己的位置，进而就会不珍惜自己的生命，从而走向堕落。

卢梭是法国著名启蒙思想家、哲学家、教育家、文学家，是18世纪法国大革命的思想先驱，思想启蒙运动最卓越的代表人物之一。卢梭是近代较早提出生命教育的教育家，他强调要对人的生命进行自然的对待，要把人的天性还给人，要尽力使人真正成为人的可能性发掘出来。卢梭认为教育理论的核心思想就是引导和促进儿童自身已有的善良天性能够得到良好的发展，并使他们成为自由的人，使他们从自身出发而生活，使他们能够按照自己的能力掌握他们所碰到的一切，学会保护自己的生命，完善自己的生命。

（四）西方现代的生命思想

社会发展到现代后，西方文化中对人生命的研究呈现出了一派繁荣的景象，各派学说林立，各种观点并存，确实出现了一种百家争鸣的局面。这一时期主要有以下几种生命思想。

1.存在主义生命思想

存在主义生命观认为人的生命的意义和价值在于对现实生活中人的本真生命的关注和呵护，在于摆脱理性加之于人身上的束缚，在于使自己过一种真诚的生活。其代表人物是尼采、萨特、海德格尔。

德国哲学家尼采的思想可以概括为三大命题，即人生虚无、理论虚假和生命强健。他认为人生虚无，本来没有意义，理论都是虚假的，安慰都是幻觉，那人还拥有什么呢？尼采的回答是，还有一样东西，就是人的生命力。面对无意义的世界和无意义的生命，人应该立足于现实，直面无意义的荒谬，以强大的生命本能舞蹈，在生命活动中创造出价值。用尼采的话说，就是"成为你自己"。这样一来，虚无不再会让你沮丧和绝望，反倒会给你最广阔的创造自我意义的空间,虚无让人变成了积极的创造者。

法国哲学家萨特认为,要使人的生命获得意义,就要引导人去进行自由的选择。"人是自己造就的,他不是做现成的,他通过自己的道德选择造就自己,而且他不能不作出一种道德选择,这就是环境对他的压力。"①

德国哲学家海德格尔则从人的"本真生存"的角度强调了生命的"向死而生"的意义。由于人认识到、意识到人的悲剧角色、人的死亡期限、人的必死的宿命,所以,他会更加珍惜这种有限的生命,使之尽可能具有人之为人的人文意义、道德意义、社会意义,而这正是人之为人的主要标志。

2. 历史文化学派的生命思想

该学派是以一种历史文化哲学的思维方式来解读生活、理解生命的。其代表人物是狄尔泰。狄尔泰是 19、20 世纪之交西方哲学史上极为重要的思想家之一。狄尔泰特别强调人的"精神生活"和"精神生命"的重要性。狄尔泰认为人的生命的本质在于生命的意义,人是通过生命的意义来显现生命的本质的。他主张体验是认识的基础,是生命的基本形式,只有通过体验,人才能真正地认识生命、理解生命和完善生命。

3. 非理性主义的生命观

从生命哲学的角度来说,非理性指的是人的生命欲望、生命情感和生命意志。其代表人物是叔本华、柏格森。德国哲学家叔本华认为,世界的本质就是生命意志,生命从本质上讲是一种强大的、不可遏制的生存冲动,是一种神秘的生命力,它既存在于盲目的自然力之中,也表现在人的自觉的行为之中,意志就是最大限度地延续生命的愿望。"哪儿有意志,哪儿就会有生命,有世界……只要我们充满了生命意志,就无须为我们的生存而担心。"②法国哲学家柏格森则从人的生命直觉、生命冲动方面阐述了自己的生命思想。他对人生命的理解是从人的直觉出发的,他把整个宇宙间万事万物的流变、

---

① 萨特.萨特哲学论文集[M].潘培庆,汤永宽,魏金声,译.合肥:安徽文艺出版社,1998:130.

② 叔本华.作为意志和表象的世界[M].石冲白,译.北京:商务印书馆,1982:377.

进化都归结为"生命冲动"和"生命意识"。

4. 人本主义的生命观

人本主义强调其核心理念是倡导符合人的生命本性的生活，尊重人的生命和尊严，强调人生命的自由精神，认为每一个人都有自己独特的价值。只有每个人都实现了自己的价值，他的生命才能不断地得到发展和完善。人本主义的生命思想是把人从理性主义的抽象中拉回到现实生活中来，使人更加关注自己本真的生命存在、生命意义和生命价值。该学派的主要代表人物是法国思想家阿尔贝特·史怀泽。史怀泽认为，一切生命都有生命意志，每个生命都是应当敬畏的。只有从敬畏生命的理论出发，每个人心中才有敬畏生命的信仰，人类才能建立永久的和平。只有以敬畏生命的态度建立与其他生命的联系，人类才能与自然界的一切生命建立新的和谐的秩序。

5. 现象学的生命观

其代表人物是胡塞尔。胡塞尔认为现代人把自己束缚在绝对化了的科技进步与工具理性的思维之中，从而降低了人的生命的自由和人类生存意义上的尊严，忘却了现实生活世界。他提出解决这个问题的方法就是回归生活世界，通过回归生活世界而重新回归先验主体和人的生命的丰富理性。

通过上面的讲解，我们可以看出，西方社会的思想家们主要从人的生命的理性与非理性的对立与统一中来探讨生命的价值和意义。对于这些思想的当代价值我们要辩证分析、理性对待。

三、马克思主义生命观

2023年6月2日，习近平总书记在文化传承发展座谈会上指出："在五千多年中华文明深厚基础上开辟和发展中国特色社会主义，把马克思主义基本原理同中国具体实际、同中华优秀传统文化相结合是必由之路。马克思主义从社会关系的角度把握人的本质，中华文化也把人安放在家国天下之中，都反对把人看作孤立的个体。"① 生命观是马克思主义哲学的重要组成部分，它涉及生命存在和生命发展的一系列根本性问题。马克思主义生命观以历史唯物主义和辩证唯物主义为基础，系统回答了各种生命现象背后的生命本质和内在规律，为实现生命发展指明了方向。

（一）人的生命是一种整体性的生命存在

马克思从共同体的角度来理解人的生命本质，即人的生命是包含自然存在、社会存在和精神存在在内的整体性生命存在。人来源于自然，自然界是人赖以生存的物质前提。因此，人的生命首先表现为一种自然生命，自然生命存在是生命最基本的存在形式，是一切生命存在形式的基础和原点，正如马克思、恩格斯在《德意志意识形态》中指出，任何人类历史的第一个前提无疑是有生命的个人的存在。因此，第一个需要确认的事实就是这些个人的肉体组织以及由此产生的个人和其他自然的关系。人既是自然的一部分，自然又同时是人的生命得以维持和发展的基础，敬畏生命是马克思主义生命观的内在要求，是实现人与自然和谐发展的前提条件。

人的生命还是一种社会存在。现实的人生活在一定社会中，通过劳动实践结成各种社会关系，人在改造自然的过程中确证生命的自然存在，同时又通过各种社会关系的形成来彰显生命的价值和意义，从而确立生命的社会存在形式。社会生命存在本质上是一种类存在，是人区别于动物的重要生命存在形式。

此外，人的生命还表现为一种精神生命存在。人通过自由自觉的有意识的劳动把自身与动物区别开来，通过劳动，人既从自然界获得了生命生存需要的基本物质资料，又通过意识的对象化形成了各种价值关系、审美关系等。所以说，有意识的劳动对于人而言就不再仅仅只是一种维持生命存在的本能，还是发展生命、丰富生命形式的生命自由表达。

---

① 习近平. 在文化传承发展座谈会上的讲话[J]. 求知，2023（9）：4-7.

（二）生命需要是生命存在的基本条件

马克思指出："在现实世界中，个人有许多需要。"就需要的层次性方面而言，既包括基础层面的生存需要，还包括生活方面的享受需要和发展方面的发展需要。就需要的内容而言，既涵盖基本的自然需要，也包含人区别于动物的社会需要和精神需要。

从个体发展角度来看，生命需要是促进生命发展的内在力量。真正决定一个人生命发展的并不在于外在力量的推动，而最终源于生命需求这一内在力量的推动。根据马克思的人的本质在其现实性上是一切社会关系的总和的观点，人的发展就在于其社会关系的丰富，而生命需要的满足有助于不断实现社会关系的丰富。人们在实践中不断满足个体的自然生命需求，在此过程中也同时促进了社会生命需求和精神生命需求的满足，从而促进个体生命的丰富发展。

从社会发展角度来看，生命需要是推动社会历史进步的原始动力。人们通过劳动实践在改造自然的过程中为满足生命需求而促进生产力的不断发展，从而实现人的生命发展与社会历史进步的统一。

党的十九大报告指出，我国社会主要矛盾已发生深刻变化。满足广大人民群众对美好生活的需要既是发展的应有之义，也是提高生命质量的必然要求。十八大以来，党和政府把满足人们对美好生活的需要放在重要位置，大力推进精准扶贫，努力缩小贫富差距，不断满足全体人民的物质需要；同时，提供了多样化的精神文化产品、政治民主参与机会等满足人民群众日益增长的文化需要、政治需要，通过优化经济结构建设良好的生态环境，更好地满足人们的生态需求。

（三）人的生命价值是自我价值与社会价值的统一

马克思是站在如何改造世界、如何推动生产力的进步与发展的立场上来思考人的自我价值和社会价值的。马克思还原了人的本质，明确了人是生命的主人,他指出:"动物和它的生命活动是直接同一的,动物不把自己同自己的生命活动本身区别开来。它就是这种生命活动,人则使自己的生命活动本身变成自己的意志和意识的对象。他的生命活动是有意识的。"[①] 同时,马克思认为,人是社会存在物,是生活在一定社会关系中的。所以人的生命价值主要包含生命的自我价值和社会价值。

生命的自我价值是指个体的人生活动对自己的生存和发展所具有的价值,主要表现为对自身物质和精神需要的满足程度。生命的自我价值体现在生命的存在价值,它是衡量人的生命价值的最低标准。人的生命存在价值是社会价值的源泉,人类历史上一个国家和民族的兴衰,其基本标志就是人口的存在和繁衍状态。因而维持人的生命存在是每个人最自然、不可剥夺的权利,理应受到社会及他人的承认、尊重和维护。众所周知,中国共产党百年成功的秘诀之一就是善于动员青年、鼓舞青年,为青年群体实现自我价值营造良好的社会氛围。习近平总书记在2019年五四青年节前的讲话中深刻地提出,各级党委和政府、各级领导干部以及全社会都要"做青年朋友的知心人、青年工作的热心人、青年群众的引路人",要通过与青年直接接触和交流,"了解他们的思想动态、价值取向、行为方式、生活方式","要关注青年所思、所忧、所盼",并在充分了解青年的基础上,"积极教育引导青年,推动他们脚踏实地走上大有作为的广阔舞台"。[②]

生命的社会价值,是个体的实践活动对社会、他人所具有的价值。人的社会性决定了人的生命的社会价值。评价生命的社会价值的根本尺度,就是看一个人的实践活动是否符合社会发展的客观规律,是否促进了历史的进步。在今天,衡量生命的社会价值的标准,最重要的就是看一个人是否用自己的劳动和聪明才智为国家和社会真诚奉献,为人民群众尽心尽力服务。中国共产党历来重视青年群体作用的发挥,在革命、建设、改革的不同时期都涌现

---

① 冯建军. 教育哲学中的"人"与人的"教育哲学"[J]. 教育学术月刊,2016(10):3-12.
② 人民日报社论:让五四精神在新时代放射新的光芒——纪念五四运动100周年[EB/OL]. (2019-05-03)[2024-10-15]. https://www.gov.cn/xinwen/2019-05/03/content_5388482.htm.

了一批又一批青年模范人物。中国特色社会主义进入新时代之后，习近平总书记在各种场合不断鼓励青年自觉投身社会历史的大潮中，在奋进、奉献、搏击中激发和升华人的生命激情和活力。一方面，他从历史的高度鞭策青年说："历史只会眷顾坚定者、奋进者、搏击者。"青年只有顺应历史发展大势，在奋进中激发活力，在搏击中磨砺意志，升华内在的感性生命激情，呈现日益丰盈的精神力量，才能得到历史的眷顾。另一方面，他从个体人生价值实现的角度指出，青年只有进行了激情奋斗，进行了顽强拼搏，为人民作出了奉献，"才会留下充实、温暖、持久、无悔的青春回忆"。青年只有自觉地在社会历史的大潮中奋进、搏击、奉献，才能超越片面的个体生命存在的局限，升华为有利于个体生命发展的、充满活力的、有更大社会价值的、更加有意义的生命力量。

（四）资本主义私有制造成生命异化

马克思认为，资本主义私有制是造成生命异化的根本原因。在资本主义社会，劳动行为与劳动者本身相分离，"劳动对工人来说是外在的东西，也就是说，不属于他的本质；因此，他在自己的劳动中不是肯定自己，而是否定自己，不是感到幸福，而是感到不幸，不是自由地发挥自己的体力和智力，而是使自己的肉体受折磨、精神遭摧残"。① 这样，劳动对于劳动者来说就是一种被动性活动，劳动者不仅不能在此过程中满足需要、实现自身的价值，反而感到痛苦、迷失自己。劳动者与劳动行为的异化使人丰富的生命活动变得机械、麻木，妨碍了人的生命活力、生命创造力的激发。

在资本主义社会，商品和资本联合起来成为统治人、压迫人的生命的外在力量，剥夺人的生存权利，阻碍人的生命发展。同时，对剩余价值的过度追逐使得资本家的生命在这一过程中也发生异化，个人的生命意义与价值在金钱中日益迷失，"工人和资本家同样苦恼，工人是为他的生存而苦恼，资本

---

① 马克思. 1844 年经济学哲学手稿[M]. 北京：人民出版社，2018.

家则是为他的钱财的赢利而苦恼"。①

（五）生命解放是最终目标

生命解放是马克思主义生命观要实现的最终目标，是实现人的生命发展的现实诉求。生命解放就是实现生命存在方式的彻底变革，即从根本上消灭导致生命异化产生的资本主义社会制度，还原生命存在和发展的本真状态。生命解放的目的就在于消除阻碍人的生命发展、消解人的生命价值的各种异化，实现人与自然、人与社会之间的关系与人的个性的结合。资本主义私有制是造成生命异化的根源，因而只有推翻私有制，才能消除生命异化。革命实践是实现这一目的的根本手段。

马克思主义生命观对中国进行社会主义现代化建设有着重要的理论意义和现实意义。党的十九大报告中不仅提出了"人民健康是民族昌盛和国家富强的重要标志"，而且作出了社会主要矛盾已经转变为"人民日益增长的美好生活需要和不平衡不充分的发展之间的矛盾"的重大判断。在这里，无论是"人民健康"还是"美好生活需要"都反映了党和政府对生命存在和发展的高度重视。

第三节　生命感恩：银发关怀与服务

学习目标：要求理解"生命感恩"的概念，学会运用本节知识感恩生命的长者，关爱父母和自家的老人。学习目的在于培养学生服务关爱的能力，从善待自家老人开始，做到"老吾老，以及人之老"，并积极投身为一名助老服务志愿者或义工，帮助处在生命困境中的老人。

大学生生命感恩这一节分为三部分：一是感恩父母；二是亲情教育；三

---

① 马克思. 1844年经济学哲学手稿[M]. 北京：人民出版社，2018.

是银发关怀。

每名大学生都享有了父母、他人、自然与社会给予的恩惠的权利,反过来,每名大学生也必然要履行对这些恩惠付出者回报的责任义务。知恩感恩,知恩必报,也是中华民族的传统美德。正如马克思所说:"恩情是联结人与人之间的一个良好的纽带,大到国与国、地区与地区,小到家庭与家庭、人与人,进而支撑起一个社会。"[1] 感恩包括对父母的感恩,对老师教育和母校培养的感恩,对同学、朋友的感恩,对党和国家社会的感恩等,本节我们主要讲的是对父母和亲人的感恩。

一、感恩父母

孝顺与感恩是中华民族的最基本的传统美德,是中国人传统美德形成的基础,是政治道德、社会公德、职业道德、家庭美德、个人品德建设的基本元素,也是当今政治文明、经济文明、精神文明建设不可忽视的精神支柱和精神力量。

"感恩"是一种生活态度,是一种品德,如果人与人之间缺乏感恩之心,必然会导致人际关系的冷淡。爱己才能爱人,爱父母才会爱国家、爱社会。感恩教育有利于我们走出"迷失"的怪圈,更好地审视自己、认识自己,用行动来回报父母,报效国家,从而增强自身的社会责任意识。

感恩教育,就是"教育者运用一定的教育方法和手段,对受教育者实施识恩、知恩、感恩、报恩以至自觉施恩的人文教育"。[2] 可以说,感恩教育是一种以情动情的情感教育,是一种以德报德的道德教育,更是一种以人格完善为目的的人性教育。大学生的感恩教育,有学者认为,它是一种"以现实的德育向人的生活世界回归为切入点,以爱、关心、尊重、理解、责任等为

---

[1] 马克思,恩格斯. 马克思恩格斯全集:第46卷[M]. 北京:人民出版社,1971:197.
[2] 胡虹霞. 关于大学生感恩意识培养的几点思考[J]. 山东省青年管理干部学院学报,2005(3):29-30.

价值取向,以大学生的感恩意识的形成为目标,培养其感恩情感,发展个体的感恩行为能力,形成对自己、对他人、对社会、对自然回报的亲和态度和人格特征的教育"。①

(一)父母之爱,生命本源

从自然科学意义上说,我们的肉体生命是父母给予的。所以《孝经》说:"身体发肤,受之父母,不敢毁伤,孝至始也。"而"立身行道,扬名于后世,以显父母,孝之终也"。孔子的学生曾子在病重将去世之时,还让弟子为他检查身体发肤是否有所损伤而不孝于父母。"曾子有疾,召门弟子曰:启予足!启予手!诗云:战战兢兢,如临深渊,如履薄冰。而今而后,吾知免夫,小子!"儒家认为,在所有现实的人的生命关系中,父母对于子女的爱,是最具有本源性和根本性的,也是最具有自然天性和人性的。因此,通过领会父母对子女之爱,我们可以更直接地领会到"人性"和"道心"。领会父母之爱亦即尽可能以同样的爱去爱父母。正因为这样,现代新儒家唐君毅先生特别说道:"人间的结合,最高的,是爱的结合。爱是相爱的人的生命间之渗融者、贯通者。爱破除人与人间之距离,破除人与人间各自之自我障壁,使彼此生命之流交互渗贯,而各自扩大其生命。所以爱里面必包含着牺牲。牺牲是爱存在之唯一证明。人类个人与个人间之爱,最真挚有力的,是父母对子女之爱,因为这是生命原始爱流之顺流而下。最可贵的,是子女对父母之爱,因为这是生命原始爱流之逆流而上。"② 在先儒的理论视野里,这种对父母之爱就是"孝悌",它是我们领悟"仁心"大德的根本。孔子说:"君子务本,本立而道生。孝悌也者,其为仁之本与。"也就是说,我们要想守住"道心",必须从根本处着手,必须"务本"而不只是抓住枝叶。那么对于"仁心""人性"而言,"本"是什么呢?就是"孝悌"。只有做到了"孝悌",才守住了我

---

① 李晓杰. 当代大学生感恩教育的缺失与重构[J]. 黑龙江高教研究,2009(9):149-150.
② 唐君毅. 人生之体验[M]. 北京:中国社会科学出版社,2006:39.

们做人的根本，也才能领悟"道心"和"人性"。正因为这样，孟子将不扩充人性的最严重后果界定为"不足以事父母"。

因此，从性情开发的人性教育而言，甚至就整个个体生命的生命教育而言，一个最直接也是最根本的渠道和使命，便是培养我们的"孝悌"之心、"孝悌"之行。通过"孝悌"，我们在孝敬父母、尊敬尊长的过程中，逐步体会到人性原本的美好，体验到天道与人道的合一，我们自己慢慢将内心的那份光明的天性觉醒，并"发而皆中节"。这样，我们就可以让自己的生命点亮，成为一个真性情的大生命。

（二）感恩父母，爱之延续

父母把自己带到这个世界，所有的恩情莫能大过于此。大学生理应感恩父母，孝敬父母。可是部分学生将此种恩情视为理所当然。每年开学大一新生报到的时候，可以看到提行李的往往是父母和学长，打理寝室、整理铺盖的也多数是家长，学生却在一旁悠闲地玩电脑或与人聊天；周末或是放假回家给父母带去的礼物则是一大包脏衣服、脏被单等。部分家境好的学生体会不到父母的艰辛，部分家境不好的学生则有时候还会埋怨父母不能给他们一个富裕的成长环境。平时与父母也很少沟通联系，只要联系就是要"生活费"。大学生在成长过程中，尤其是长大以后，有时跟父母会发生冲突。心智还没彻底成熟，却又远离父母，很多事情不能和父母及时沟通交流，容易造成双方相互误会。

感恩父母，在家不仅应主动承担家务劳动，减轻父母家务负担，而且应从思想上，尊重父母意见和教导，经常把生活、学习、思想情况告诉父母。外出和到家，向父母打招呼。在外地读书或工作，经常微信或者电话汇报情况，或经常回家看看，免去父母记挂在心。常怀感恩之心，也会爱及他人，形成有爱的环境，促进身心的健康和谐。

（三）敬养父母，孝亲之道

敬养父母双亲是人类的天性。孔子认为："父子之道，天性也。"意思是说，父母培养教育子女，子女奉养父母，这是人类一种天性。又说："孝子之事亲也，居则致其敬，养则致其乐，病则致其忧，丧则致其哀，祭则致其严，五者备矣，然后能事亲。"这是孝敬父母的五种天性表现：在日常起居生活中以最诚敬的心情任劳任怨地服侍父母；奉养父母亲要在生活上让他们得到最大的快乐；父母生病时以最忧虑的心情照料父母；父母过世时以最哀痛的心情来料理后事；举行祭祀时以最严肃的态度来追思父母。这五方面做到，才称得上是能侍奉双亲的孝子，也才能算是真正体现了人的孝亲的圣洁本性。中国人讲孝，既重赡养，也重视心里关怀和内心愉悦。在有些人看来，父母到了老年，不能自食其力了，做子女的从经济物质上养活他们，使他们吃穿不愁，也就算报答生育之恩了。孔子不同意这种观点。他说"今之孝者，是谓能养，至于犬马，皆能有养，不敬，何以别乎？"孔子强调"敬"，认为仅仅"能养"是不够的。

但是孝敬不等于盲从。孔子在《孝经·谏诤章》中说："父有争子，则身不陷于不义。故当不义，则子不可以不争于父；臣不可以不争于君。"孔子态度十分鲜明，他反对一味盲从，反对愚忠愚孝。主张做父亲的若有能谏诤的儿子，就不会陷于不义的行为之中，做儿子的若看到父亲有不义的行为，就应该直言相劝；对父母有意见，有礼貌提出，不应和父母吵架耍态度。孔子有这样的建议："事父母几谏，见志不从，又敬不违，劳而不怨。"作为儿女，侍奉父母的时候，如果有意见相左的地方，甚至你觉得父母有什么错的地方，可以委婉地去劝止。

（四）关爱父母，社会需要

党的十九届五中全会通过的《中共中央关于制定国民经济和社会发展第十四个五年规划和二〇三五年远景目标的建议》，提出"实施积极应对人口老龄化国家战略",这在历次党的全会文献中是第一次,是以习近平同志为核心的党中央总揽全局、审时度势作出的重大战略部署。2000 年到 2017 年,中国 60 岁及以上老年人口从 1.26 亿人增加到 2.41 亿人,占总人口比重从 10.2% 上升到 17.3%。到 2020 年底,我国 60 岁及以上老年人口已经达到了 2.6 亿人,占全国总人口的 18.7%。中国老年人口快速增长、老龄化压力日益凸显,老年健康服务发展面临着严峻挑战,可以说是"挑战大、问题多"。老龄化社会挑战的特点:老年人越来越多、老人生病的越来越多、老人孤独寂寞的越来越多、老人需要社会关爱越来越多。

老年人口数量增多、老龄化速度加快。在社会老龄化形势下,加之我国的经济条件和医疗卫生水平等方面仍处于发展中国家水平,养老问题面临严峻挑战。中国正面临着急剧老龄化带来的种种社会问题,在老龄化问题中最突出的是养老问题,养老问题中尤其难以解决的一个问题是高龄重病的老人在人生的最后阶段需要更周到的照料和更细致的心理关怀,但是传统的家庭养老已经很难满足他们的需要。虽然近年来国家大力扶持力争在社会化服务协助下通过家庭照顾养老、政府购买社区照顾服务养老、养老服务机构集中养老等方式解决人口老龄化问题,但是受中国"养儿防老"传统观念的影响,赡养老人的任务多数还是要落在子女身上。

那么,大学生该如何关心父母呢,在这里给大家一些建议。

(1)接受父母的"唠叨"。也许你觉得自己长大了,很多事情你自己懂得处理,你有自己的分寸,但是父母仍会不断叮嘱,这些你可能觉得没有必要,甚至有时候觉得很烦。但是也许这些就是父母每天生活的一部分,你要知道,在父母心里,孩子永远是孩子,"唠叨"其实是一种爱,你要学会理解父母的这种心情。

(2)让父母放心。除了理解父母的心情,接受父母的这种表达,更好的方式是通过你的方式让父母感觉到放心,那么他们会开始用一种更适合的态度去对待你。如何让父母放心?其实很多时候父母唠叨或是找话跟你说,其实就是因为他们感觉到孤单了。作为子女,你要多关注父母的内心,多关心他们，让他们感觉到足够的安全感。

（3）给父母更多的时间。不管再忙，都不要忽略你的父母。父母带着你成长，你长大以后，有自己的能力，不再需要你的父母为你去做什么了，但是，这个时候，你的父母开始需要你。多陪你的父母聊聊天，聊什么都行，哪怕只有几分钟的时候，那也好过没有。陪你的父母出去走走，陪他们安静地看电视，陪他们逛逛街，很多很简单的小动作，很多简单的细节，就能够拉近父母与你的距离，会让他们感觉到安心和贴心。

（4）多倾听父母的心声。随着年纪越来越大，父母们心里可能会有越来越多的感受和感想，他们思考的会越来越多，或许还有自己的担忧和困惑。人在不同年龄会有不同的主题，中老年时期，其实也是容易产生失落感的阶段，我们需要多关心父母的内心，更多地、主动地去倾听他们的心声，了解他们的感受，了解他们的担忧，帮助他们处理各种情绪和心情。你主动去关注，认真去倾听，就会了解到很多。

（5）主动了解和关注父母的需求。主动关心父母，了解他们在生活上、心理上、精神上的需求，很多时候他们不一定会讲出来，但是你应该要懂得日常生活中多留意，主动去关注和关心，及时帮助他们解决这些问题。另外，时不时可以送父母一些贴心的东西，例如冬天保暖品，营养保健品，对于喜欢喝茶的父母也可以送一些健康的茶叶。

（6）关注父母的身体健康状况。人到一定年纪，有些人身体可能会开始变得没有那么好，尤其是中老年人，有一些身体上的问题并不容易发现，例如高血压，平常如果没有留意的话可能不会发现，但这其实有时候是很危险的。因此，我们要有意识地关注父母的健康状况，最好是定期带父母做身体检查。如果有一些需要注意的方面，则在生活中要多关心多关注。

西方哲学家罗素曾说过，爱和智慧是引导人们走向幸福的两种最重要力量，一切的能力、技能都是中性的，它们必须建立在一颗爱、善良和负责任的心灵上，才能给世界带来益处。这段话告诉我们，只有不断地加强感恩教育、提升感恩意识，使人们心存感激，再加上责任意识的培养，才会推动社会的进步。

二、亲情教育

亲情是人类发展永恒的温暖主题，其存在于家人之间，更存在于友情、爱情中，是大学生爱情、友情、亲情教育中的核心内容。亲情是一种无私与博大的爱，它是我们和家人、亲人的一种无法分割的情感，也是人类最基本的感情。一个人从出生来到大学，他的父母、家庭、家乡、学校给予了他大量的关爱和帮助。

（一）亲情的内涵

亲情，是发自内心最美好的情感，源于家人之间，在我国传统文化教育中有着非常深厚的文化和历史教育基础，古人所讲的"老吾老以及人之老，幼吾幼以及人之幼""亲亲而仁民，仁民而爱物"皆透着浓浓的亲情教育。能从心底触动人们心中最真切的感情，有利于培养学生的完善人格、提升学生的责任意识、塑造学生的良好道德修养，对建设和谐校园具有重要的意义。

亲情教育有着广义和狭义之分。广义之亲情教育指的是家庭教育之外，学校、社会基于亲情、爱情和恩情的教育，对受教育者的态度、感受、信念和情绪等方面予以关注、引导和深化，使其能正确处理人际关系，充分感受亲人温暖并具备一定回报亲人的能力。狭义之亲情教育则是指家庭成员之间，利用亲子之间的情感进行的教育。

大学生亲情教育包含广义与狭义的内涵，是所有情感教育中的核心教育范畴。从情感内涵来讲，亲情、爱情与友情是情感教育的三大主要内容，即通常所言之"三情"；从亲情教育的定义来看，亲情发于家人、亲人之间，又化于爱情、友情之间。充满浓浓亲情的爱情、亲情交融般的友情，必是坚贞不渝的。大学生亲情教育，从情感的外延来讲，不仅存在人与人之间，更存在人与家国之间、人与社会之间，对于大学生学习、生活以及未来的职业生涯发展具有重要意义。

（二）亲情观

亲情观是一个人的世界观、人生观、价值观的根底，一个人没有好的亲情观，不知道感恩，不懂得亲情，很难会有好的世界观和人生观，也很难有正确的价值观。因此必须正确引导大学生养成关心人、理解人、尊重人的观念，让大学生充分地理解亲情，懂得感恩和爱护自己的父母。大学生普遍接受良好的教育，在亲情观上表现出较多积极的一面，主要体现在尊敬父母、关爱家人、家庭责任感较强等方面。与此同时，当代大学生大多是独生子女，缺少兄弟姐妹的情感，父母对他们溺爱，也存在一些消极的亲情观，表现为：

（1）亲情淡漠。"00后"家庭父母的生活态度有了很大改变，他们主张独立与开放，大都是独生子女，除父母外，亲情观相对淡薄。在这样的生长环境里，"00后"子女性格相对孤僻。我们在学生工作中的经验和以往研究都表明，亲子关系是引发大学生心理健康问题的重要因素之一。不和谐的亲子关系与大学生产生抑郁、焦虑和敌对等症状都存在高度相关。同时，亲子关系也影响大学生人格的形成和发展。没有从父母身上体验到亲情的学生，必然得不到人生观和价值观的指导，严重者可能导致人生观和价值观的扭曲，从而进一步影响大学生的健康成长。

（2）亲情隔阂。在当代，个体主体性得到充分张扬和发展，人的需求层次普遍提高，因而人们对人际关系的想望不再停留于行为联系水平，而期待达到心理契约境界，在这种情况下，追求理解与认同便成为一种时代精神。对于父母等长辈来说，他们同样渴望被子女晚辈理解和认同，而不仅仅是子女或晚辈对他们态度恭敬和行为顺从。当今社会，信息的不对称和社会的急剧变革加剧了不同人群的背景差异，同样也拉大了父母和子女之间的背景差异，导致他们之间缺乏交流平台和共同语言，理解和认同减少，心理隔膜加深。当代大学生与父母缺乏深入的、真正的交流，交流大多停留在生活琐事层面，绝少涉及思想和灵魂，彼此互不了解。随着信息时代的到来，信息越来越容易获取和更新，父母由于种种原因在知识和信息的更新上赶不上孩子，在一定程度上被孩子视为落伍而不愿意与其交流。

（3）缺乏感恩。"百善孝为先"，感恩父母、孝敬老人是中华民族的传统美德。可是部分大学生认为父母为他们无私地付出都是理所应当的，反映出亲情观念的淡化。心安理得拿着父母的血汗钱不求上进。部分大学生不顾家庭经济状况，盲目攀比，却很少关心父母的身体状况，甚至部分学生还常常抱怨父母的能力，不能为其创造更好的条件。无感恩意识，更无回报意识。

究其原因，消极的亲情观产生的原因既有家庭和学校的原因，又有社会方面的原因。

第一，家庭原因。现代社会已经成为"独生子女时代"，"四位老人、两位父母和一个孩子"的"421"家庭模式成社会的主导，对独生子女的娇惯和溺爱，滋长了孩子的自我意识，一切活动都以自己为中心。当代的大学生大多数是独生子女，自然成为家长们心中的宝贝。长辈们的溺爱和呵护，导致一些子女认为他们的施爱是理所当然的，逐渐形成了以自我为中心的思想，慢慢地丧失了一颗感受生活、感受亲情、反哺亲情的心。有的家庭，由于父母感情方面等因素，出现再婚式家庭、单亲式家庭和夫妻分居式家庭。这些家庭的子女心灵受到创伤，如果新的家庭环境不佳，新的"父亲"或"母亲"给子女倾注的亲情少，子女就很容易形成冷漠自私的性格，对家人的亲情也会随之淡漠。一些家庭的父母忙于工作，常年没有跟子女在一起，出现雇人代养、隔代抚养等情况，也往往造成父母对子女亲情的缺失。由于子女长期得不到父爱和母爱，处于长期失去亲情教育的家庭环境之中，终会导致大学生出现不良的亲情观。

第二，学校原因。由于受传统教育的影响，中小学教育仍以应试教育为主，背离素质教育的目标，学生的升学以分数为准，学校片面追求升学率，重智轻德等倾向仍然较为突出，素质教育的内容、方法和手段不适应时代的需要和青少年发展的特点，其中亲情教育缺乏，影响着学生的健康成长。进入高校以后，大学教育仍重教学和科研，轻情感的培养。对大学生的亲情教育仅局限在"思想道德修养与法律基础"课中,内容单薄,亲情实践活动普遍缺乏,主动地开展针对性的亲情教育少。

第三,社会原因。改革开放以来,在市场经济条件下,市场主体的目的是以最小投入获得最大效益。市场经济在对社会发展产生巨大推动作用的同时,也促使了社会心理的变化和出现了不少新的问题。在当前这一社会转型时期,各种矛盾凸显,社会上拜金主义、享乐主义和个人主义等不良环境,都在不同程度地从负面影响着大学生价值观的建构。大学里出现盲目攀比、爱慕虚荣,亲人间关系也被物质、金钱所物化,甚至为了金钱背弃亲情,导致亲情的丧失与偏斜。与此同时,随着社会的发展,网络文化对大学生的影响是巨大的,许多大学生通过网络,获取更多的知识,而有些大学生却沉溺于网络的虚拟世界,宁肯聊天、玩游戏,也不愿与父母沟通和交流,亲情越来越冷漠。

(三)大学生亲情教育

(1)学会理解和孝敬父母。孝敬父母并不一定要用金钱去购买一些物质性的礼物,或许家长需要的只是经常给他们打打电话,发发视频,让家长时刻都知道你在做什么,最近过得好不好。还有就是理解家长的艰辛与不易,不随意地向父母要钱去买一些奢侈品。努力学习对于父母来说也是一种很好的回报。父母含辛茹苦地将我们养大,并将我们送入高校接受高等教育,就是想让我们有一个更加光明的前途,让我们未来可以过得轻松一些,所以一定不能辜负父母的一片良苦用心,要多多理解父母,并且好好学习,做一个对社会有用的人。世界上最悲哀的事情莫过于"子欲养而亲不待",一定要好好地孝顺父母,别给自己留下遗憾。

(2)培养理性的消费观。大学生本身不具有赚钱的能力,暂时要通过父母的补给来维持基本的生活。大学生应该根据自己的家庭情况进行合理消费,盲目地追求超过自己消费能力的行为是十分有害的。同时,从推动社会的经济发展以及繁荣市场的角度来说需要人们的适度消费,合理消费。如果出现盲目攀比的现象就会使得过于追求金钱从而影响大学生正常的学习和生活。因此，要树立正确的消费观和金钱观，不盲目攀比，适度消费。同时还应该学会理财，学有余力的情况下参与兼职体验社会，体会到挣钱的不易，从而会更加理解父母。这样一来，既可以减轻家庭负担，又可以丰富大学生的社会实践的经验。

（3）帮助父母减轻负担。现在大学生大多数都是独生子女，在家里很受父母的溺爱，基本上不做家务。再加上经过高中的努力学习，让他们觉得自己已经上了大学了，已经不用努力了，从而产生了倦怠的心理。不知道父母的辛劳，不帮助父母减轻负担。大学生应当热爱劳动，努力用自己的双手去创造美好的生活，只有通过劳动创造的价值才会让我们心安理得。大学生可以适当参加学校举办的有关于自主创业的活动，抓住学校提供的实习机会。大学生作为求学者，要有着吃苦耐劳的精神品质，勤劳才是成功的先决条件。只有勤于求学，不懈怠才能使得大学生在大学的学习期间取得更加优异的成绩，来回报父母，回报社会，更使得自己可以有一个更好的人生。要明白大学不是我们休息的驿站，而是另一个起点。在这里只有更加努力，才会让我们有一个更加光明的未来。也会使得大学生的学习生涯更加丰富多彩，毕竟只有拼搏过、努力过、奋斗过的青春才是一个无悔的青春。

（4）提倡亲情反哺的责任意识。亲情是一种传承，也是一种责任。人类十月怀胎，孩子至少三年离不开父母的怀抱，最少十年在父母呵护下、供养下成长，一旦能够独立生活，对于父母的关爱、对于家庭的义务就成为一种责任。在进行社会责任培育的同时，还必须进行家庭责任的教育，提倡"亲情反哺"，要求青年大学生给予父母更多的关爱，承担必要的家庭义务。对于亲情、对于维系家庭和谐，当代大学生应当成为表率。认同和理解是一个对父母双向的过程，当代大学生要多进行文化反哺和精神赡养，在过程中增强双方的相互理解。

亲情是一个永恒的话题。亲情观是"00后"当代大学生的世界观、人生观、价值观的基础。一个人没有好的亲情观，不知道如何感恩，不懂得珍惜亲情，很难会有好的世界观、人生观和价值观。要养成关心人、理解人、尊重人的观念，让大学生充分地理解亲情，树立正确的亲情观。只有长期有效的亲情教育才能够使当代大学生怀有一颗感恩的心，社会才会变得更加和谐幸福。

三、银发关怀

（一）人口老龄化

人口老龄化作为 17 世纪就在欧洲出现的人口现象，随着 21 世纪以来世界各国纷纷进入老龄化和老龄社会，已经成为和全球化、信息化、智能化一样广泛而深刻影响世界各国经济社会发展的四大生产方式之一。联合国经济和社会事务部《世界人口展望 2019：发现提要》报告提出，世界人口老龄化正在加剧，65 岁及以上人口到 2050 年将达到 16%，而全球妇女平均生育率将下降到 2.2，欧美地区 65 岁及以上人口将占总人口的 1/4，全世界 80 岁及以上人口将从目前的 1.43 亿增加到 4.26 亿。按照联合国的标准，60 岁以上老年人口在人口中的比例达到 10%，或者 65 岁及以上的老年人口占总人口的比例达到 7%，一个国家或地区就成为老龄化社会。我国第七次人口普查也显示，大陆人口共 14.1 亿人，其中 60 岁及以上人口为 26402 万人，占 18.70%，65 岁及以上人口有 1.91 亿，占 13.5%。根据国际标准，65 岁以上人口占比 7%~14% 为轻度老龄化，14%~20% 为中度老龄化，21%~40% 为重度老龄化。"十四五"期间全国 65 岁以上老年人口将突破 3 亿人，从轻度老龄化迈入中度老龄化。积极应对人口老龄化已经上升为国家战略。上海是全国最早进入人口老龄化且老龄化程度最深的城市之一，2022 年，上海市户籍 60 岁及以上老年人口已达 533.66 万人，占户籍总人口的 36.8%。

我国老年人口基数庞大，老龄化速度快，老年人已成为我国人口的一大构成比例，由此"银发族"这一热词也随之诞生。老年作为每个人必经的人生阶段，构成社会中的一个显性群体，人口结构急速变"老"，科技产品却持续更"新",移动互联网带来便捷的数字化生活的同时,也引发了许多新与老之间的矛盾和困境。建立完善的政府购买养老服务制度,一方面体现了政府定位由管理型向服务型转变,借助整合社会力量提升老人福祉,另一方面能够进一步推动养老产业市场化,促进资源的有效利用,提高整体社会保障水平。可以说,这是当前破解我国养老难题的有效思路。政府不直接提供服务,而是出钱购买社会服务,既照顾到特殊人群,又可壮大社会组织,这对于加快构建以居家养老为基础、社区服务为依托、机构养老为支撑的社会养老服务体系,意义重大。

(二)银发人文关怀

养老不单纯是经济问题,也不能局限于技术层面,更呼唤文化的传承、感情的投入、精神需求的满足。在东方文化传统下,家是避风港,是人的归宿,家庭在养老过程中扮演着重要角色。"老吾老以及人之老",这句话体现了和谐的家庭观和亲情观,对亲情提出了"推己及人"的思想。家庭之中的孝道发展出人与人之间的关爱,传递着对长辈、对老者的关心。弘扬社会孝心,重视人文关怀,建设中国特色的养老服务体系,老年人就能真正实现老有所养,老有所依,老有所为,老有所乐。

老年人受生理机制衰退和社会因素的影响,一般都有其独特的心理特征和心理期待,在精神上有较强的需求。老年人的生理、心理普遍比较敏感脆弱,需要亲人、朋友、社会更多的关爱和抚慰。随着工业化、城市化的发展,家庭从传统的大家庭模式向小家庭模式转变,家庭结构核心化、小型化。在养老居住安排上,与子女分住养老的比例则必然随之增加,空巢家庭逐渐成为一种独立的家庭类型。长期以来,子女在老年人赡养方面更多注重物质赡养和经济支持,而精神赡养相对更难以测量和量化,物质经济层面的赡养往往比较容易直观地得到表达,因而某种程度上忽视了隐藏物质表面背后老年人深层次的精神需求。

老年人的精神需求是指老年人在身体衰老过程中由于生理和社会环境的

变化而产生的主观心理需求。老年人的精神需求包括慰藉（情感需求）、尊重（自尊的需求）、安心（期待需求）三个层次。目前老年人普遍重视自身的身体健康状况，逐渐认识到心理健康和参与社会的重要性，开展丰富多彩的健身和娱乐活动，关心国家经济和社会发展，为实现健康老龄化而努力。家庭和社会要形成健康积极的老年价值观。老年人并不是社会负担的代名词，健康的、有技能的、有爱心的、自立自助又乐于奉献的老年人是社会的宝贵财富。《中国老龄事业的发展》白皮书中也强调，要鼓励和支持老年人融入社会，继续参与社会发展。实现健康老龄化和积极老龄化，有利于老年人才的自我完善和身心健康，也有利于开发老年人才资源，缓解我国经济建设对人才的压力，促进经济社会持续发展。

（三）助老服务

作为新时代的大学生，我们能够为银发关怀做些什么呢？我们可以成为助老服务的志愿者。

我国高校大学生志愿服务起源可以追溯到 20 世纪 60 年代毛主席提倡的"向雷锋同志学习"，当时涌现出向雷锋同志学习，一心一意为人民服务的高潮。"为人民服务"真正体现出志愿精神，也是志愿服务活动的精华所在。学雷锋活动在弘扬团结友爱、互帮互助的社会风尚中起到良好的导向作用。高校大学生志愿者是我国青年志愿者的主力军，由具有一定思想觉悟、热心社会公益事业的在校大学生组成。推进大学生助老志愿服务工作对于塑造大学生健康人格具有重要作用，也可以弥补原本社区居家养老服务中的人力不足，对养老服务供给进行补充。参与志愿服务的过程中通过服务他人、参与公益活动这一积极方式挑战老龄化，在为他人和社会带来益处的同时，也进行着自我社会价值的建构和实现。

老年人较之其他人群，无论在心理上还是生理上都有较大的个体差异。随着年龄的增大，老年人逐步退出社会生活的主要领域，因不适应而产生的精神需求较常人更为迫切。为丰富老年人日常生活，就需要不断有志愿者与之交流，给予精神慰藉。但与此同时，大学生在助老志愿服务的过程中由于志愿者服务供需信息不对称、服务水平不高等因素，常常会出现志愿者资源分布不均和节日扎堆献爱心的现象。

（1）畅通助老志愿服务信息。高校作为大学生志愿者管理方，有义务为大学生志愿者提供信息支持服务。一方面，高校与养老机构志愿服务部门、社会志愿服务组织建立合作关系，通过志愿服务平台发布服务需求信息，接受服务方可通过平台对学生助老服务项目进行审核和评价，形成志愿服务信息发布和反馈管理闭环；另一方面，高校成立以思想政治教师、辅导员、社会学和老年医学等专业教师、专业志愿者为主的助老服务咨询窗口，为大学生提供志愿精神、礼仪、沟通技巧、老年人生理和心理特点等专业信息支持服务，以信息咨询、专业知识和技术讲座、既往项目经验分享、阶段性服务总结、体验式服务等为主要支持形式，通过面对面或者线上互动的方法，帮助大学生提升助老服务能力。通过信息支持服务，聚焦养老机构老年人需求，提升大学生服务能力，促进助老服务项目不断优化。

（2）提升助老志愿服务技能。助老志愿者服务需要较高的护理方面的专业知识。比如，要求在医疗、基本护理方面具备专业知识，有应对老人突发情况的能力。鉴于养老机构入住老人多以本地老年居民为主，需要志愿者能够使用基本的方言，便于相互沟通交流。志愿服务内容要充分考虑老年人的接纳性等。但大学生助老志愿者队伍准入门槛较低，志愿服务技能参差不齐，对服务项目未能进行合理细分，这在一定程度上直接影响了服务水平。同时，高校大学生志愿者的生活经验不足，在生活照料方面的技能不足，不能很好地照顾老年人。他们没有经过专业的训练，没有心理辅导、医疗保健等方面的专业知识，对老年人的服务范围有限，导致志愿者的服务质量不高。因此注重大学生专业技能的培训，对大学生志愿者给予志愿服务相关内容的基本专业培训，通过培训掌握志愿服务所需的专业技能，以防大学生志愿者们出现"心有余而力不足"的尴尬局面。

（3）加强助老过程中的人际沟通。不同的年龄阶段有着不同的心理特质。

年轻人朝气蓬勃，接受新鲜事物快，适应新环境能力强，老年人不如青年人热情、开放，思想上受传统观念束缚，情感上往往有较多顾虑，容易落寞。因此，两代人往往对同一问题的情感体验相去甚远，缺乏共情和同感。在许多问题上年轻人与老一辈的人有截然不同的看法。两代人往往在这方面容易产生隔膜。老年人作为社会中特殊的群体，在身体日渐衰老中，亲疏冷暖自有感受，同时也在这个过程中，有的会逐渐变得固执，不愿意轻易相信他人，导致志愿服务过程中双方缺少信任。

（4）助老志愿服务需要常态化。在机构从事养老服务的大学生志愿者大都是在课余时间进行志愿服务，时间也不固定，因而很难把志愿服务人群、服务时间内容等固化下来。同时，由于缺乏统一的组织和管理，志愿者进入和流出随意性较大，其志愿活动也缺乏常态化和延续性。目前志愿服务已涵盖捐赠、慰问、文化服务、陪聊和卫生服务等方面，涉及内容丰富。但志愿服务仍未成为养老机构的常态化活动，且志愿服务的主动性和长效性欠缺，绝大部分志愿服务活动缺乏常态化。特别是由于对志愿者没有组织约束力，服务人员频频变动、服务效率低下，也会造成高校大学生志愿者对于参加志愿活动的兴致不高。要加大对大学生志愿者的引导和管理，不断完善服务模式，提高大学生志愿者的服务参与能力和贡献力度。

第四节　生命伴侣：亲密关系管理

学习目标：学习本节，要求学生学会运用本节知识拥有正确的恋爱观和亲密关系的管理技巧。学习目的在于培养大学生爱的能力，包括表达爱的能力、接受爱的能力、拒绝爱的能力、鉴别爱的能力、解决爱的冲突的能力、保持爱情长久的能力。

大学生生命伴侣这一节分为三部分：一是恋爱心理学；二是爱的能力养成；三是亲密关系管理。

恋爱问题是大学生咨询最多、困惑也最多的问题。针对大学生恋爱认知方面的复杂心理，教育工作者要正面引导，及时疏导，用积极的心理学理论和体验培养大学生的健康心态，引导大学生树立正确的爱情观，以积极、健康的生活态度处理好学习、友谊和爱情的关系。

一、恋爱心理

爱情，是人类古老而又常新的话题，也是艺术家们翰墨传音的热点。从柏拉图到《诗经》《楚辞》，从马丁·路德的超越性质的爱到唐宋诗人那超越时间空间的爱，从中世纪萌生的一种与游吟诗人和骑士联系在一起的"优雅的爱"到小说传奇中才子佳人式的饱受相思之苦的爱，纯粹的、永恒的、崇高的爱情一直是人们竭尽全力争取的梦想。但何谓爱情？这又是人类追问了几千年都难以作答的问题。人们从社会、心理、情感、诗词、小说、科学的角度去分析爱情，努力寻找什么是爱情，为什么会有爱情。大学生在入学之后，普遍表现出对异性强烈的向往与追求，热切期望增进彼此的情感交流与交往。大学阶段，部分大学生都在"不知不觉"中走上了恋爱的道路。

（一）爱情是什么？

所谓爱情，是基于一定的社会关系和共同的生活理想，在各自内心中形成的对对方最真挚的倾慕，并渴望对方成为自己终身伴侣的最强烈的感情，是两颗心灵相互向往、吸引、达到精神升华的产物，是人类特有的一种高尚的精神生活。

（二）爱情的实质是什么？

20世纪90年代，美国耶鲁大学心理学教授罗伯特·斯滕伯格提出了"爱情三元理论"，成为目前揭示人类爱情最有影响力的观点。斯腾柏格的爱情三元理论提到人类的爱情由三种成分组成。一是动机成分：动机有内发的性驱力，也包括异性之间身体容貌等特征彼此吸引。以动机为主的两性关系是激情的。二是情绪成分：由刺激引起的身心激动状态，如喜、怒、哀、惧等。以情绪为主的两性关系是亲密的。三是认知成分：对情绪和动机是一种控制因素，是爱情中的理智层面。以认知为主的两性关系是承诺的。斯腾伯格在爱情三元理论中指出，爱情的三个要素是激情（陶醉感和性兴奋），亲密感（感到被爱的人理解和亲近）和承诺（长期的忠诚），三个要素的不同组合，形成不同类型的爱情。在斯腾伯格的爱情三元理论中，这三个成分被看作"爱情三角形"的三个边。每个成分的程度会由浅到深，因此三角形可能有着各种不同的大小和形状，实际上可能会产生数不清的形状。此时的爱情表现特点以及它的含义也随之发生很大变化。但在斯腾伯格看来万变不离其宗，现实中丰富多彩的爱情人与事，就像无数的电影，五颜六色，但三原色是基本颜色，关键是怎样调色。

斯滕伯格认为如果缺少了三个基本成分中的任何一个都不能被称为是爱情。如果三者皆无，很简单就是毫无关系的两人，或是简单熟人，连朋友都不是，被称为无爱。当亲密程度高但激情和承诺非常低的时候，就会产生喜爱，也就是常说的喜欢。喜爱会发生在亲近和温暖的友情中，但缺少了激情和与之共度余生的预期。如果你爱恋的异性对你说："我爱你，但这不是爱情"。这可能不是好消息。这人实际想说的是"我喜欢你，愿意和你聊天，你是个很不错的人，但我发现你对我没有吸引力"。当朋友之间激起了激情或欲望，那么两者的关系就不再是朋友那么简单了。如果仅有强烈的激情，但缺乏亲密和承诺时，就是迷恋，和我们通常所说的"一见钟情"颇为相似：我们对那个人没有任何了解，仅仅是第一面，迷人的外表激起了心中的欲望和冲动。同样，如果在这种"唤起"状态下，逐渐发展出亲密和承诺，那就是一段值得羡慕的人间爱情佳话了。

斯滕伯格还分析了可以被称为"爱情"的四种情感体验。这四种情感体验具备所有的三个成分，只是各个成分所占的比重不同。

（1）"浪漫的爱"是高程度的亲密和激情一起发生时的爱。浪漫的爱会使我们忽略或重新解释伴侣的某些缺点，将伴侣的形象理想化，同时也会引起对我们个人的重新评价和发现，了解以前我们所不了解的自己。比如因为勇于付出爱而发现自己善良的一面，因为受到对方的爱使自己的自尊心得到提高，使关于自我的概念更为多样化。问题是大量研究显示浪漫的爱具有时间上的弱点，时间不长，所以很多专家认为浪漫的爱不能构成接下来维持婚姻的理由。研究调查显示友伴的爱比浪漫的爱更有利于婚姻的稳定。

（2）"友伴的爱"是高程度的亲密和承诺结合形成的爱。友伴的爱的特点是以双方之间的互相尊重和信赖为基础，在友伴的爱情中，人所体验的更多的是对对方的信任和依赖感。具体说来就是两个人的亲密的内容扩大化，不仅仅是身体上的亲密，还有诸如日常生活、工作、照顾孩子等多方面的互相依存，并且双方愿意长时间地厮守在一起。这个时候的爱已经成为一种习惯，虽然也不乏浪漫激情，但其程度要低很多，显得有些平淡。友伴的爱还有一个重要特征就是两人自愿保持互相尊重，体现了双方感情的理性成分。

（3）"虚幻的爱"则是高程度的激情和承诺会产生的体验。斯腾伯格将其称为愚蠢的体验，因为双方在并不很了解或喜爱的情况下，仅仅在势不可挡的激情驱动下闪电发展进入婚姻的殿堂。也正如作者所写的，激情是这三个成分中最容易发生变化的一个，它的变化幅度往往也是最大的。这种体验更加接近迷恋，具有风险。

（4）"圆满的爱"是亲密、激情和承诺同时存在时的爱。这是爱情的至高峰，类似于蜜月期的恋人的体验。但斯滕伯格认为这只是爱情经历中很短的一个时间，很少有人可以终生有这种体验。也就是说在人的爱情过程中，其他类型的爱情可以向"圆满的爱"转换，"圆满的爱"也可以转换为其他类型的爱。

然而，斯腾伯格也承认：生活中的实际情况都要比这些理论复杂得多。因此你正经历的，或是经历过的，抑或是将要经历的爱情可能不属于上述的任何一种，你所追求的完美爱情也可能独具特色。爱情是什么，至今仍无定论。但是我们知道的是，爱情是我们生活中最美好、最令人难忘的事情。爱情是我们真实的情感体验，所以无论你的爱情是哪一种爱情，浪漫之情也好，友伴之爱也罢，它们都是爱情，都是值得我们珍惜并怀念的。

（三）恋爱发展的阶段及心理过程

爱情是怎样在我们的生命中发展起来的？大致可以分为以下几个时期。

（1）对异性的敏感期。随着青春期的来临，第二性特征的出现和性意识的觉醒，引起了男女性别的不同生理和心理的急剧变化，青少年开始对性别差异非常敏感，在异性面前时常会感到羞怯和不安。

（2）对异性的向往期。随着性生理上的发育成熟，性心理开始发展，男女情窦初开，产生了异性之间的相互吸引，出现彼此希望接触的意愿。但是，这一时期的男女青年，由于其生理和自我意识的不成熟性，他们对异性向往的对象，基本上是泛化的、不稳定的、缺乏专一性的。这是一种不成熟的恋爱心理。所以，有人又称此阶段为泛爱期。

（3）恋爱择偶期。这一阶段的男女青年，心理已逐步成熟，社会阅历在不断丰富，恋爱观开始形成，对异性的向往逐渐专一，开始相互寻求和选择自己的配偶对象，建立和培育双方的爱情，进入成熟的恋爱心理。

二、爱的能力养成

理学家埃里希·弗洛姆在《爱的艺术》一书中提到：爱是人的一种主动能力。"发展爱的能力，并不是非要具体到对某一异性的爱，可以是更广泛意义上的爱。亲人、同学、朋友，都值得我们去热爱。发展爱的能力，就是要培养无私的品格和给予的精神，要培养善于处理矛盾的能力，有效地化解与消除爱情中的矛盾纠纷，为恋人负责，才能收获美满幸福的爱情。"

爱的能力是指一个人对待自己、他人、国家、社会的基本责任体现。爱的能力，从狭义上来看，是指在爱情生活中爱自己伴侣的能力；从广义上来说，是指生活中一切需要付出与奉献的主观意识与行为表现。爱的能力不是人的一种本能，而是通过后天的教育培养和努力学习获得。具体说来，爱的能力包括生活中能够自理，规则中达到自律，学习中实现自觉，工作中产生自豪，婚恋中情感成熟。

对自己的生活、幸福、成长以及自由的肯定是以爱的能力为基础的，这就是说，看你有没有能力关怀人、尊重人，有无责任心和是否了解人。当一个人有能力创造性地关爱他人、奉献社会的时候，那他必然也更有理由爱自己，因为他相信自己是有价值的，生活是有意义的。

大学生爱的能力的培养，需要大学生在学校期间，通过学习平台和自身努力，利用接受高等教育的机会，不断增强生活中需要的各种本领与能力。例如，在遇到困境时突破重围，需要强大的精神支撑。这种力量与支撑来自爱自己，爱家人，爱生活，需要顽强的意志，是一种高情商。有的人在失意的时候想到放弃生命，就是爱的能力缺失的表现。在新时代，大学生肩负着让祖国强起来的光荣使命。实现中华民族伟大复兴的中国梦，需要几代人进行艰苦的奋斗和顽强的拼搏，大学生是其中重要的群体。如果大学生都有爱的能力，再影响和带动身边更多的人有爱的能力，那么个体、家庭将更加和谐，整个国家与社会将更加强大，人们的幸福感受将更加明显，个体实现自身价值也更加容易，中华民族实现伟大复兴的中国梦就指日可待。

（一）学会表达爱的能力

爱情是神圣的，爱情也是现实的，爱情的表现是激情与冲动，但爱情的本质是理性与宽容。人们对爱情的向往和追求是永恒的，但实际生活中的爱情却是具体的、有条件的和发展变化的。因为爱情是一个过程，也是一种双向选择。"当别人对你表达爱意时，你最希望别人怎样向你表达？"恋爱中双方对彼此的美好期待，相互理解，支持和照顾，构建共同的志向，能促进双方一起成长。学会表达是爱的开始，大学生应学好爱情的六种语言。第一种是言语，良好地沟通，才能相知相惜；第二种是服务，无微不至的照顾，适当牺牲和奉献；第三种是时间，花时间在一起，同甘共苦，陪伴也是一种爱；

第四种是接触,牵手和拥抱,能让人感到爱的温暖;第五种是礼物,互赠礼物,让对方知道你体贴他、了解他、记得他;第六种是改变,为爱的人改变自己的缺点,或者改变爱人的不良习惯和缺点,都是爱的语言。

(二)学会鉴别爱的能力

认识到真正的爱情是彼此之间强烈的吸引、深切的依恋、积极的奉献,包括亲密(能够给人带来一种温暖的感觉体验)、激情(强烈地渴望跟对方结合的状态)和承诺(作出爱不爱一个人的决定和维护这一爱情关系的承诺)三个要素,不要错把友情当作爱情。

单相思不是健康的爱情。单相思,指异性关系中的一方倾心于另一方,却得不到对方回应的单方面的爱情。单相思苦,苦就苦在"无望"上,即使这样却仍然一往情深,耐心地等待,幻想总有一天真情感动、苦尽甘来;甚至用情近乎痴情,"衣带渐宽终不悔,为伊消得人憔悴",却不求任何回报。然而,幻想越美好,与现实的差距就越大。单相思者往往具有比较内向、害羞、自卑的人格倾向,对意中人或抱着高不可攀的畏惧心理,把对方当作高贵、完美的神灵一样来崇拜;或因为对方早就心有所属、"名花有主",常常连表白的勇气都没有,只好把爱慕之情压抑在心底,任其霉变,但又情不自禁,陷入深深的矛盾之中。更痛苦的是另一种单相思,对方了解你的心意,却无动于衷,或表示爱莫能助:"我帮不了你的忙……如果你因此而感到不幸,那也只好让你不幸了;如果你因此而痛苦,那也只好让你痛苦了,反正得有人痛苦。"于是,这就有着双重的打击,不像前一种,至少还存着那么点希望。可以说,单相思是大学生恋爱问题中常见的心理挫折之一,往往会导致当事人发生强烈的内心冲突,使人情绪低落、学习效率下降,影响人的正常生活,甚至会引起心理障碍。

(三)学会拒绝爱的能力

懂得面对爱情要自信,不仅需要表白时的大胆,也需要拒绝时的果断。

面对别人给予的爱，能即时准确地对爱作出判断，并作出接受、谢绝或再观察选择的决定；还能承受拒绝求爱所带来的心理纷扰。

（四）学会选择爱的能力

择偶标准是婚恋价值取向的核心成分之一。在人们的恋爱和婚姻的漫长岁月里，对方的自然条件可能是恋爱触发、爱情愉悦的重要因素，但不可能是婚姻幸福的重要因素；金钱可以实现婚姻，但它不能直接带来婚姻的幸福。在满足人们基本生存条件的前提下，金钱与幸福并不呈现正相关增长。婚姻幸福的基本条件是爱，如果爱缺失的话就不会有婚姻幸福，没有爱的婚姻是可怕的。甜蜜的爱情、幸福的婚姻才能促使人们遵守婚姻道德，遵守婚姻道德才能更加促使婚姻幸福。因此，选择恋爱对象应看重对方是否具有勇敢、坚强、稳重、真诚、负责、宽容、自信、刚毅、善良、幽默的个性品质。对爱情的选择往往最深刻地反映出一个人对生活的态度，是人生观最深刻的体现。不同的人，对爱情的态度是不同的，有的追求金钱、地位、门第；有的追求享乐；有的追求和谐的感情基础和共同的理想信念。可以说，有多少种恋爱观，就有多少种爱情，而且，不同的恋爱观决定了爱情不同的前途和命运。

大学生择偶恋爱，应理智冷静，多花些时间接触，在集体活动中加深认识，增进感情。择偶时重视人品、性格和才能等内在美，是值得提倡的。大学生恋爱结婚，应以真挚的感情为基础，一定的经济物质条件确实是婚姻幸福的重要保障，但也不可本末倒置，把它当作唯一的先决条件。

（五）学会发展爱的能力

具有发展爱情的能力，首先是要让自己变成一个有吸引力的人。自己越是完善，自我实现的程度越高，奉献给对方的也就越多。其次培养自己的奉献精神，恋爱中人，不光要接受爱，更要学会给予爱。只索取不付出，是不会长时间拥有爱的。相爱不可能是风平浪静的，当与所爱的人发生矛盾的时候，需要双方冷静下来沟通，把引起不快的缘由谈清楚，设身处地细心体会对方的心声，了解对方的真正需要和主张。使双方真正地认识对方，看清对方不是自己的延伸，也不是自己理想形象的投射，进而能够尊重对方是与自己不同、独立而有自主权的个体，能容许对方有与自己不同的想法与感觉。在认清、接纳对方的真我之后，双方才可能建立真正的关系，并在这个真实关系的基础上学习彼此相爱，学会用理解的、欣赏的眼光去看对方，从而逐渐地从"敌对共生"的陷阱中解脱出来。

（六）解决爱的冲突能力

追求爱情和维护爱情的过程中会受到多种因素的制约，因而在追求爱情的过程中遇到各种挫折是在所难免的，比如单相思、爱情错觉、失恋等。这些恋爱中的心理挫折，对初尝爱情的年轻人来说是一种考验，如果承受能力较强，就能较好应对挫折，否则就有可能造成不良后果。因此，提高恋爱挫折承受能力，对年轻人的心理健康是非常重要的。通过课堂教学和心理咨询帮助大学生在爱情受挫折后，用理智来驾驭感情，增强理智感，分析失败的原因，总结经验教训，寻找解决问题的方法和途径，并学会在新的追求中确认和实现自己的价值，从而提高自己的心理承受能力。

三、亲密关系管理

大学阶段是青年的人生观和价值观形成的阶段，也是爱情观发展最为关键的时期。根据埃里克森的心理社会发展理论，大学生正处于成年早期阶段，其主要任务就是解决亲密与孤独的心理冲突，这也是大学生顺利完成自我同一性、走进婚姻、实现人生下一阶段发展的重要步骤。良好的亲密关系不仅可以满足个体的基本心理需要，而且可以降低其心理压力，对身心的健康发展起重要保护性作用。亲密关系遭遇挫败可能引发焦虑、抑郁等心理问题，严重时甚至诱发极端事件。这个时期的青年男女处于亲密对孤独阶段，他们渴望交往、渴求理解，在此时期建立良好的爱情关系，在自我发展上会感到满足；如不能和人建立亲密关系，就难免感到孤独无依。大学生恋爱能促进大学生们的成长与成熟，增加对幸福的体验，在恋爱过程中，体会到感情上的彼此接受、了解和支持，使恋爱者感到生活充实、自尊提高，由此积极探索自我的意义与价值感。美好的爱情能带给人希望，催人奋进，而不幸的爱情会使人消沉。研究表明，大学生对爱情存在很多错误认识，如爱情至上论，过分注重外表、家庭条件，对爱情过于功利等，这些直接影响了大学生的人格发展、情绪控制甚至价值观。具体而言，恋爱对大学生的影响主要体现在两个方面：学习与人际关系。

恋爱中那种忽视圣洁、无视道德、追逐刺激的心理状态是极不可取的。马克思在1866年8月写信给保尔·拉法格，告诫他与自己的女儿劳拉恋爱时不要"过分亲密"，并说，"真正的爱情是表现在恋人对他的偶像采取含蓄、谦恭甚至羞涩的态度，而绝不是表现在随意流露热情和过早亲昵"。作为有知识、有修养的大学生，必须知道，真正的爱情是与责任、义务相联系的，恋爱中的行为不仅要对自己负责，要自重自爱，而且要为对方、未来的家庭和社会负责。恋爱期的主要任务应当是在选择的基础上，双方进一步相互认识，加深了解、沟通心理、发展感情，寻求双方精神上的相容与互通，学业事业的相互促进，双方不但从爱恋中得到快乐，同时更要尊重、关怀、爱护对方，努力把自己的爱情建立在高尚的情感之上。

处于什么样的亲密关系中，每个大学生是不同的，会表现出不同关系类型。其中既与大学生这一群体的特殊生活环境有关，与当今一些社会问题有关，也更与他们自身的成长经历有关。

（一）亲密关系的类型

亲密关系的类型可以分为以下几种。

（1）坚信天长地久型。处于这种亲密关系的大学生，对爱情充满了信心，愿意为对方付出，也能深信和坦然接受对方的爱。他们对未来充满美好的幻想，渴望最终走在一起。

（2）只求曾经拥有型。这一类型比较复杂。一方面，有些大学生四年在校期间谈过许多次恋爱，而且每次的恋爱时间又很短。其原因是这类学生他们的内心极其渴望有一个亲密的关系，但是一旦拥有以后又惧怕这一关系的失去，或在这个关系中受到伤害，这种担心害怕会使他们主动去解除这一恋爱关系。这类大学生建立亲密关系是主动的，解除亲密关系也是主动的，部分受到原生家庭的影响。另一种表现是深知两人彼此相爱，但对自己没有信心，处于这种亲密关系的大学生多是被动的。

（3）多重关系型。同时爱上几个人，或被几个人同时爱上，这种现象也有一定的普遍性。有的不立即作出对某一人放弃的决定，希望给自己一个通过了解后再选择的机会，可能会与几个人同时保持恋爱的关系。当然也有人享受同时被几个人爱的感觉。

（4）若即若离型。处于这一亲密关系中的双方之间会有一定的好感，也希望在这一关系中增加点恋爱的经验。他们维持这一关系，但并不永久保持这一关系，一旦发现自己真心相爱的人，便会与前者分手。

（5）自我幻想型。这是亲密关系中很特别的一种类型。在自己拟定的情景中从心理上补偿现实中亲密关系的缺乏，用想象的亲密关系使自己的心理需要得到满足。比如，分手的人保留着恋爱中许多互赠的纪念物，去曾经在一起的地方，通过这些行为来维系心理上的亲密关系。

（二）亲密关系培养和管理

一个人沉浸在恋爱中，拥有了亲密关系，不等于就真正享有了亲密关系给人所带来的幸福与满足。面对大学生目前恋爱这一亲密关系多短暂和易变化，如何使爱情长久，如何培养和管理亲密关系也是大学生的重要学习课题。

（1）提升亲密关系中爱的能力。一个觉得自己可爱，也有能力爱别人的人，会更有信心拥有亲密关系以及天长地久。亲密关系也是一种特别的人际关系，也有它的交往规则和准则。学习沟通，学习彼此的互相谦让，学习接纳彼此不同的生活方式、价值观，学习解决关系中的各种矛盾冲突，学习同性友谊与异性情感的彼此和谐等。所有这些都是建立和维系亲密关系的重要能力。

（2）处理好亲密关系中的人际关系。一段亲密关系中的双方不应把自己禁锢在两个人的世界中，脱离集体，疏远同学。这样会妨碍自身的全面发展与进步。双方要积极参加集体活动，与大家走到一起。一个人不仅有恋人之爱，还有父母、兄弟、姐妹、同学之爱，还有对社会、国家的责任。如果一个人只专注于对恋人的爱而忽视他人的爱和对社会的责任，这样的爱情就会显得自私和庸俗；反之，倘若恋爱的同时对他人和社会具有相同的爱心，这样的爱，则会显得更加的高尚和稳固。

（3）要以共同的理想信念追求和优良的道德品质作为亲密关系的基石。若大学生的理想、信念、追求、道德品质与人生目标一致，恋爱中的双方就会互相理解、关心与支持。共同的理想、信念、目标往往反映着大学生双方习惯和情趣上的相投和一致，这些会成为一种激励因素，促使双方进一步发展和完善自己，在人生道路上携手共进，即使在严峻的生活环境中也能相互鼓励、相互扶助。

第五节　生命关系：大学生关系网

学习目标：学习本节，教会学生理解"生命关系"的概念，学会运用本节知识，学会解决自身与舍友、同学和职场同事关系冲突。在于培养学生学会解决关系冲突的能力，帮助大学生在大学里拥有健康的人际交往，并营造和谐的关系氛围。

大学生作为未来促进社会发展的主要力量，其身心发展的各个方面都受到了社会广泛的关注，其中人际关系是其保持心理正常发展、个性稳定和生活幸福的重要因素。人际关系是指人与人之间通过交往和相互作用形成的心理关系，反映了个人或团体寻求满足其需要的心理状态。大学生在人际交往中可满足社会交往和归属的需要、获得社会支持，良好的人际关系有助于大学生保持健康的心理状态，反之，不良的人际关系可能导致大学生产生各类的心理问题。

大学生生命关系这一节分为三部分：一是宿舍人际关系；二是班级人际关系；三是职场人际关系。

一、宿舍人际关系

宿舍是学生生活、学习、娱乐、交往的场所，有较强的独立性与组织功能。据说，每个宿舍里总有一个人，他的闹铃从来不是为了吵醒自己；据说，每个宿舍里都有一个吃货；据说，每个宿舍里都有一个学霸；据说，每个宿舍里都有一个思想家。关于大学生宿舍的关系特点有调查显示：大学生宿舍舍友之间在相处的前三个月是快乐期；三月之后至一年左右是磨合期；大二至大三是危险期；大四是眷念期，因为快要毕业了，就如一首歌唱的那样，转眼就要各奔东西了。

曾经有学生来和我说：感觉自己不习惯别人的生活方式，不善于体贴别人，也不善于处理新的人际关系，就连关不关灯、起床早晚等小事都会引发矛盾。为什么在宿舍这个集体里会出现这样令人觉得很不应该的事情？为什么宿舍同学都是好人，却住不到一起去？为什么宿舍里面总是显得过于冰冷？为什么我有一肚子话，却不能在宿舍与室友分享？你来自四季如春的海岛，我来自白雪皑皑的原野，我们来自五湖四海，又相遇在这片五月花海，这又何尝不是一种缘分，广袤的土地和不同的成长经历，又让我们形成独具特色的待人处事风格，但当这些被塞进一间小小的宿舍时，难免会彼此有所碰撞。

其实答案有以下几点：性格差异、生活习惯不一样、共同的兴趣爱好少、生活习惯等不一样。比如：有人大清早就去了自习室，直到熄灯才回来；有人在学生会社团工作很出色，为人行事各种通达；有人收获了爱情，每天从早到晚，眼里只有一个人；有人热爱运动，运动场上永远少不了他的身影；有人找兼职赚钱，为此逃了不少课。

如何促进宿舍关系和谐、保持有效沟通呢？

（一）和谐宿舍的类型

回答这个问题之前，先给大家讲述三种幸福宿舍的类型。一是肯定型：具体表现为成员彼此互重互爱，有欢笑，偶尔有争吵，但知道吵归吵，最终合理解决。二是热火型：具体表现为双方都有主见，有话直说，争吵激昂，但对事不对人，甚至相互受损。三是阴柔型：具体表现为成员都不喜争执，遇冲突时不忙着指责对方，可自我安抚，接纳彼此差异。

（二）和谐宿舍的沟通之道

（1）宿舍里如果有其他人在学习，尽量不要读或念书，或出声背单词。宿舍虽然是我们大学生活中度过大部分空闲时光的地方，但我们并不一定要以宿舍为中心，如果想要宿舍有一个良好的学习氛围，则需要每个人都参与进来。学习从来就不是一件可耻的事情，就算我们不想在此时学习，也要尊重其他正在学习的人，尽量保持安静并且不去打扰他们。

（2）进宿舍时，尽量轻声敲门、推门，即使你不是有意大声敲门，屋里的人也会感到不舒服。

（3）如果想到你可能会晚睡，提前把洗漱工作做好，这样就不会很打扰别人。

（4）在寝室里学习，用完小学习桌，请轻声合上桌子腿，不要毫无顾忌硬生生地掰，那样响声真的很大，会让人心惊肉跳。如果宿舍确实不具备学习的氛围时，我们也可以另寻绝佳场所，享受一个人的静谧学习时光也未尝不是一个更优选项。

（5）在别人休息时用电脑，如果可以，尽量轻声敲击键盘，能不用鼠标就不用鼠标，这样，别人会很感谢你。有很多大学生晚上很晚睡觉，已经过了学校规定的睡觉时间却还在上网玩游戏或者看电影、聊天，制造噪音或光亮，作息规律睡觉早的学生会忍受不了半夜敲打键盘以及游戏中发出的声音，这就肯定会影响这些学生的睡眠。

（6）打电话尽量去外面打，特别是有人在学习时，特别是你会打很久时。接电话也尽量等到你出了宿舍门以后。宿舍本是集体休息的地方，如果打电话很久又不注意语言文明时，会严重影响其他室友。

（7）在别人休息时，不要吃苹果之类的咀嚼声很大的水果，或者外包装是那种一动声音就很大的硬塑料的食品。

（8）积极参加宿舍集体活动是和室友间联络感情的好方法。当一起决定去干什么的时候可以积极提出自己的想法和意见，如果勉强参与，反倒会让舍友觉得你在应付了事，如果不能去也不要一口回绝而伤了室友兴致。

（9）注意宿舍卫生问题。如果不爱整洁、不讲卫生，自己的床铺被褥不叠，书桌东西堆成山也不整理，更有甚者向宿舍的公共区域甚至是舍友的领域乱扔东西，如脏衣服、脏袜子，随地扔垃圾等，会给宿舍环境造成极大的破坏，严重地影响与其他同学之间的关系。

与人相处，关键在于沟通，沟通的关键因素如下：

沟通关键因素一：你需要倾听，倾听室友表达的内容，观察室友的非言语行为，适时给予适当的简短反应。

沟通关键因素二：你需要欣赏，每个人都需要心理平衡，有些人仅仅是为了反对而反对，人要适应环境，就要不断作出改变！关于改变需要注意的：不要总想着改变对方，改变应当从自己开始；比改变更重要的，是努力去理解对方，给对方以宽容；改变不是从抱怨开始，而是从赞美开始。

沟通关键因素三：你需要真诚，话在心中如何说？真挚直言不会错。作息时间不同？空调开关出问题？很多时候遇到宿舍问题，我们第一时间总会向自己的朋友吐槽。但我们都知道，在人与人的交往中，想要获得真诚的友谊、相互的尊重和彼此的信任，就需要我们大胆开口，所以我们为什么不主动找当事人真诚地沟通呢？每个人都更加坦诚一点，有不满意就说出来，不要憋着，一个宿舍的和谐不是说靠哪一个人或者哪几个同学的一时忍让就能维持的，一个宿舍的舍友可能来自五湖四海，个人之间的差异是很大的，没有谁能完美地契合另一个人的喜好，只有宿舍每一个同学都发自内心愿意接纳他人，包容差异，勤于沟通，宿舍关系才会越来越好。有什么不满意的地方大大方方指出来，相信大家都会乐于接受。如果有些问题不能够同时满足多方需求时，则需要我们多多包容彼此，站在对方角度考虑、求同存异、各自退让、心平气和地商量出能满足更多人需求的方案。

沟通关键因素四：你需要节奏，有些人的性格就如鼓点密集的快节奏，而有些人则是长音悠久的慢节奏，如果想让宿舍能谱写出悦耳动听的乐章，那就要让这两种旋律互相配合，彼此融合。外向同学的优点是不会害怕和逃避与别人的交流。但同时也应该注意不要让自己的热情过了火，无论多么亲密的关系，都应该给宿舍他人留出必要的私人空间，尊重他们的个人隐私。虽然热情待人并不是错，但有时热情的火焰燃烧得过分旺盛时，难免会烫伤周围的人，要记住"朋友不是靠秘密换来的"，对于舍友的隐私或者不想说的事情，我们不要想方设法去探求。内向同学的优点是不会去轻易打扰别人的生活，但同时也应该注意不要让自己的安静变成冷漠，不要因为不好意思去交流而给其他人和自己之间竖起厚障壁。

远离家乡来到大学，宿舍是忙碌了一天的归宿，是安放自己疲惫的身心和享受自己愉快时光的地方，想要在这里找到属于自己的归属感和温馨感，就需要宿舍所有成员为维护它共同作出努力。

二、班级人际关系

（一）大学班级的特点

离开家乡，我们踏上了追梦的旅程，这个过程是痛苦且孤独的，因此我们时常觉得孤单寂寞，而大学的室友、朋友，都成了我们重要的精神支柱。

环顾你的四周，你会发现同班同学来自全国各个地方，大学的班级简直就是一个"小中国"。大学的班级已经不是大家中小学那种熟悉的班级概念。没有固定的教室，上课也是上完一门换一个教室；班内同学来自全国各地，不再像中学时大家都是同乡或近邻；任课老师不会跟前跟后，如果他没有担任你所修读课程的任课老师，那么你很难看到他的踪影。简而言之，在大学，班级变成了一个相对松散的集体。大学里每个行政班级一般都有四五十个学生，还有的部分是根据专业性质划分的小班教学。

到了大学阶段，学生自我意识增强，每个学生都基本形成了自己的个性特点。尤其是当代的大学生，由于家庭条件较好，家长会尽力满足孩子在各方面的要求，这会使孩子养成以自我为中心的思维习惯。在家要求家长顺着自己，在学校要求同学、老师顺着自己，什么事情都要按照自己的想法去做。但是到了大学就不一样了，因此班级人际关系容易出现问题。所谓班级人际关系是指以班级为整体，班集体内的学生之间在日常的学习和生活中相互交往、彼此互动的过程中形成的一种社会关系。

同学之间很有可能会因各种事情产生矛盾。例如，大学每学年都会有评优、评奖等活动，在评选过程中，名次或条件相差不多的同学就可能会出现竞争，如果一方认为自己比另外一方更符合评优评奖的条件，但最终另外一方得到了奖励，那么这就很可能会导致这两名学生之间产生矛盾。如果不及时调解，矛盾将很难得到解决。

普通学生与班干部之间也会产生矛盾。班干部是学校和班级各项规章制度的维护者，也是各种班级事务的直接实施者，与普通学生之间难免会发生矛盾。以评选国家奖学金、助学金为例，在老师的指导下，以班干部为主的评审小组要承担主要的评选工作，但由于评选名额有限，每个班只有少数几个学生能够被评到这些奖项。虽然国家和学校也制定了一些评选办法，但在具体的评选实施过程中还是经常会遇到较多的细化困难。这就不可避免地会造成落选学生对班干部的不满，而班干部也会觉得很委屈，自己为班级做了那么多事情，得到的却是同学的不满，双方进而会产生矛盾。班级的其他许多事务，例如生活委员安排值日、纪检委员进行考勤记录等，也可能会造成普通学生对班干工作的不满。

大学同学间的生活习惯不同，需求和利益各不相同，做事的方式和风格也不同，发生分歧和矛盾是不可避免的，关键是如何以正确的态度对待冲突和分歧。针对当前大学班级内部矛盾较多的情况，其方法主要是通过培养学生的团队合作精神，提升班级凝聚力。在社会心理学上，群体凝聚力是指由群体对成员的吸引力和成员对群体的向心力以及成员之间人际关系的紧密程度综合形成的，使群体成员固守在群体内的内聚力量。根据群体凝聚力的相关研究，如果群体成员有共同的目标、共同的需要、共同的兴趣爱好，则成员之间的行为表现容易达成一致，群体的凝聚力就更强。

（二）大学同学间的相处之道

（1）积极调整心态。有个别同学因为不适应大学这种新的班级模式，或者是过度留恋中学班级和同学，或认为这不是自己心仪的大学，难以融入新的班集体，这样对于自身的发展其实是有消极影响的。因为大学同一个班级的同学是同一个专业，大家成为同行的可能性非常大，而且毕业后许多同学都会留在当地发展，在大学时建立起良好的关系则将来毕业工作后也能够互帮互助。无论着眼于现在，还是放眼看未来，良好的班级关系都是必需的。

（2）找准在班级的位置。如果你有幸成为班委的一员，一定要联合其他班干部共同做好班级的建设工作。辅导员、班主任事务繁多，一般只能履行指导、建议的职责，而班级的组织、管理、维护等各项工作其实是落在班委的身上，班委就是班级的核心，是全班同学的领导者和服务者。大学里一个班级的团结与否，常常是班委起着决定作用。班委要做好老师、院系和同学之间的传话筒，管理班级日常学习生活中的各项杂事，组织开展班级活动……除了这些常见事务，有的班委会在期末整理考试复习课件并给班级共享，方便大家复习使用；非班委同学要积极配合班委工作，有的同学为班内困难的同学开展募捐活动，大家要互相支持和配合。当需要你为班级出力的时候，一定要挺身而出、尽心尽力。例如校运会、班级文艺演出等，千万不要因为怕苦怕累，甚至是不想"抛头露面"的原因而拒绝，作为班级的一员，对班级要有一种责任感。在你为班级荣誉而战的时候，会收获掌声与欢呼声，并且你也会为自己的行为感到自豪，从而增加班级群体凝聚力。

（3）享受快乐相处时光。班级新生见面会上，同学们的自我介绍要用心听，记住每位同学的样子和名字，这是一种礼貌和尊重，而且这有可能是你与某些同学在大学期间唯一的相识机会。大学一年级是最快乐的时光，记得刚进入大一的时候，成天和宿舍的人腻在一起，亲密无间堪比家人。结伴上课，一起逛街、游戏，一起进社团、参加班级活动都是大一时候的友情，好好珍惜这段时光，并尽情享受，因为美好的时光都是短暂的，虽然此刻你会豪情壮志地宣称"我们的友谊无坚不摧"。可是在大二、大三，你一定会为这句话感到伤心难过。在大一的时候，和室友、好朋友，好好享受在一起的欢乐时光，多出去玩，多聊天。

（4）积极参加集体活动。积极参加班级活动、班级旅行、野外郊游、节日聚餐、联谊晚会……大一的班级活动尤其丰富，意在让大家尽快熟悉，形成一个团结紧密的班集体。因为平时上课位置不固定，大家多是与宿舍同学坐一起，除去个别积极分子外，大部分同学的交流机会不多。因此，班级活动就是班级大融合的最佳途径，而且是以"玩"为主题，气氛欢快，同学们都比较能放得开，都是年轻人很快就能玩到一起。"好的开始是成功的一半"，这句话用在大学班级建设上恰如其分。大学是一个开放的环境，如果没有在大一开始时就形成团结的班集体，同学们没有归属感。随着学生的自主意识逐渐增强，越往后走班级会越松散。因此，每一位新生都应该有集体意识，以实际行动促进班集体的团结。

（5）学会给彼此留空间。每个人都有秘密，即使是最好的朋友之间。学会尊重他人的私人空间，尊重他的朋友，虽然他是你的好朋友，可高中、初中、小学，他也有自己的朋友，而且早于你认识。学会和多人交朋友，交不同学院的朋友。并且不要在这个朋友面前说另一个朋友的坏话，当然，说好话是完全可以的。当你知道一个人在背后说你坏话，不要生气。当你知道一个人在背后说你好话，那就记住他，因为他是真心赞扬你的。

（6）学会享受孤独。大学三、四年级，你会发现，你身边的朋友都很忙。忙工作的、忙考研的……这个时候，我们一定要锻炼自己的独处能力。曾经的好姐妹可能都不在宿舍了，你觉得烦躁不安。此刻，其实是最好的学习时光。去图书馆看看书，去各种专业论坛跟人交流、学习，尽量给自己充电。当室友晚上回来，你也不要抱怨他们抛弃了你，因为大家都有自己的事情。

大学匆匆四年，一定要好好发展自己，充实自己，做最好的自己。所谓"岭深常得蛟龙在，梧高自有凤凰栖"，只要你做好自己，自有人喜欢你，靠近你，自然也有你的圈子。大学四年对人的一生来说是极其宝贵的四年。在这四年里，我们不但要学到过硬的专业知识，还要学会如何和别人相处，如何面对社会，如何毕业后在社会上有自己的一席之位。每个人都要有自己的目标，然后全力以赴。什么是青春，青春就是奋斗。没有奋斗过的青春算不上是真正的青春。最后祝大家生活开心，学业进步。

三、职场人际关系

人际关系是职业生涯中一个非常重要的课题，良好的人际关系是舒心工作、安心生活的必要条件。如今的毕业生，绝大部分是独生子女，刚从学校里出来，自我意识较强，来到社会错综复杂的大环境里，更应在人际关系中调整好自己的坐标。

大学校园和职场是两种截然不同的环境。大学生由校园人转变为职场人，是人生角色的一次大转型，初入职场的大学生普遍面临职场适应的问题。大学生职场适应问题能否合理解决，直接影响着大学生的职业观念和职业态度。对这一问题的处理，也是大学生能否合理把握职场行为的关键所在，甚至决定大学生职场成就的高低。职场适应是大学生新入职场时必须面对和解决的重要问题，研究职场适应的对策，有助于大学生尽快适应职场生活，促进自身成长成才，提升自身的职场竞争力。

大学生毕业后从"三点一线"的"象牙塔"生活中走出来，面对全新的与校园截然不同的职场环境，无论在思维观念、行为模式、技能素养上都会有诸多不适应。

（一）职场适应问题

初入职场的大学生普遍面临的职场适应问题主要有：

（1）求职心态存在偏差。当前，毕业生就业人数与就业市场提供的岗位数量不相符这一矛盾，增加了大学生的就业压力。有的大学生存在"骑驴找马"的心态，因就业压力，无奈选择先就业再择业，但在现有工作岗位上心神不定；有的对工作期望值过高，在收入、工作性质等方面认为找到的工作不是最满意的，理想和现实差距大，存在把工作当跳板的想法；还有过分求稳的心态，由于专业不对口或缺乏经验，害怕"犯错误"，做起事来畏手畏脚，缺乏工作信心。以上的几种心态直接影响着大学生入职后的工作态度，也不利于其工作能力的提升，很难获得职业幸福感、满足感和归属感，导致在现有的岗位上出现各种不适应。

（2）角色定位不清晰。大学生从校园迈向职场，从所处环境、文化氛围、人际关系、承担的社会责任等方面都发生了很大变化。大学生十几年的读书生涯已经习惯了固定的学习方式、行为习惯、做事方式，习惯用学生的要求来对待自己，难以摆脱学生思维，对所发生的角色转换出现不适应。当前，大学生对自身职业普遍缺少规划，即使有规划也是理论多于实践，造成角色定位不清楚，职业发展方向模糊。同时，对于新岗位的角色意识淡薄，表现在对职业环境、工作内容和职责范围认识不足，不熟悉工作环境，也很少主动去了解，对企业发展环境、行业规则、职场规则不熟悉，对自身角色性质认识不明确，出现角色困惑。

（3）职业技能不匹配。在职业素养方面，初入职场的大学生存在的问题主要是：工作态度不够端正，不遵守职场规则；不能安心本职工作，眼高手低、好高骛远，吃苦精神欠缺；依赖心理太强，不能主动承担职责，有的过分追求利益，缺乏奉献精神；有的没有很好的团队合作精神；有的仪容仪表不适应职场要求。另外，在职业技能方面，习惯了"三点一线"学习生活模式的大学生，刚从"象牙塔"走出来，面对新工作，缺乏实践经验，动手操作能力差，与社会需求、职场要求不相适应，容易导致人际交往心理障碍。

以上职场适应障碍都容易引起大学生初入职场人际关系的不适应。人际交往技能是社会基本技能之一。同事之间建立和谐的人际关系，会使我们在职场工作时更加顺心顺利。如果和单位同事关系处理不好，势必影响工作状态。

（二）职场人际关系的处理

职场人际交往能力的培养应主要处理好以下几个方面的问题。

（1）待人真诚，融入集体。对人真诚、热情、坦率，会给人亲切感并产生亲和力，增添人格魅力。平时跟同事多打打招呼，多参加单位组织的业余活动，或是多和同事沟通聊天，打好关系，有益于增进感情，扩充人脉，尽快地融入集体之中。与同事共事，由于工作方式、思维方式、生活方式的差别，难免产生一些矛盾，要学会与不同性格的人相处，不要试图改变所有人，而要尽可能地去适应不同的人，求大同存小异。要豁达大度，待人宽厚，建立同理心，能谅解他人的难处，多看到他人的优点，包容他人的缺点。

（2）虚心求教，团结合作。不要好高骛远、眼高手低、自命不凡，要能放下架子，以一种"空杯"的心态虚心学习，多做一些力所能及的事情甚至是不起眼的小事，少说多做，获得领导、同事的认同。团队合作也是职场工作的一种重要方式，也是职场人必备的职业素养之一。现代社会很多的工作都不是一个人单枪匹马可以完成的，而是需要团队成员合作完成。在团队合作中，必须学会信任、理解他人，要有奉献精神，还要学会与别人进行有效沟通，通过沟通，让大家就工作中产生的一系列问题和冲突达成共识。

（3）学习充电，提升岗位胜任力。大学生在学校学的知识毕竟有限，能用到工作中的更有限,更多的东西需要在实践中去摸索、学习和体会,因而要树立终身学习的理念,利用空闲时间多充实自己,勤看书,多思考,虚心向前辈、领导、同事学习,向实践学习,不断完善自己的知识结构。只有不断学习,才能发现自身的欠缺之处,才能让自己不断进步,不被时代、社会淘汰。

(4)做好情绪管理,提高心理承受能力。能很好地控制自己的情绪是一种良好的职业素养,是一个人在职场成熟的表现。工作时,不要把生活中的负能量带到职场,不要随便发脾气。大学生初入职场,可能会有理想和现实的落差,会有压力压得喘不过气来的时候,会有工作不被理解受气的时候,或是人际关系的紧张等。面对诸多职场问题,要学会平衡的艺术,适当调整释放压力。要能经受得住挫折,遇到困难坚定勇敢、冷静沉着,有耐心。刚出来工作经常会面临一些意想不到的困难,良好的心理承受力及应对复杂环境的适应能力,有助于清醒地观察事物,理智地处理问题。

(5)对上司要先尊重后磨合。任何一个上司(包括部门主管、项目经理、管理代表),干到这个职位上,至少有某些过人之处。他们丰富的工作经验和待人处世方略,都是值得我们学习借鉴的,我们应该尊重他们精彩的过去和骄人的业绩。但每一个上司都不是完美的。所以在工作中,唯上司命是听并无必要,但也应记住,给上司提意见只是本职工作中的一小部分,尽力完善、改进、迈向新的台阶才是最终目的。要让上司心悦诚服地接纳你的观点,应在尊重的氛围里,有礼有节有分寸地磨合。不过,在提出疑问和意见前,一定要拿出详细的足以说服对方的资料计划。

(6)对同事要多理解支持。在办公室里上班,与同事相处得久了,对彼此之间的兴趣爱好、生活状态,都有了一定的了解。作为同事,我们没有理由苛求人家为自己尽忠效力。在发生误解和争执的时候,一定要换个角度、站在对方的立场上为人家想想,理解一下人家的处境,千万别情绪化,把人家的隐私抖了出来。任何背后议论和指桑骂槐,最终都会在贬低对方的过程中破坏自己的大度形象,而受到旁人的抵触。同时,对工作我们要拥有真挚的热情，对同事则必须选择慎重地支持。支持意味着接纳人家的观点和思想，而一味地支持只能导致盲从，也会滋生拉帮结派的嫌疑，影响公司决策层的信任。

第六节　生命情感：生命共同体

　　学习目标：在学习本节的基础上，要求学生理解"大自然的生命"的概念，学会运用本节知识感恩和关爱大自然，寻找大自然中美的生命元素，给人以精神上的启迪。本节目的在于培养学生放慢脚步善于发现和欣赏大自然中的生命元素，做到爱护大自然，做到人与自然和谐共生。

　　大学生生命情感这一节分为两部分：一是人与自然生命共同体；二是关爱一切有生之命。

　　早在2017年，以习近平同志为核心的党中央适时提出了"人与自然和谐共生"理念，2020年，习近平总书记首次全面系统阐述"人与自然生命共同体"理念。大学生是引领社会发展的主力军，理应成为维护生态平衡的倡导者和践行者。因此，积极构建大学生"人与自然生命共同体"的理念，让大学生能够在该理念的指导下正确认识人与自然的关系，进而更加积极主动地投身于生态保护事业，身体力行地带动身边人参与其中，是提升生态保护意识的重要着力点。

一、人与自然生命共同体

　　"人与自然生命共同体"是一个生态哲学的概念。所谓生态，其含义就是指"生命态"。在汉语中，"态"有形态或状态之义。在这个意义上说，用生态哲学的观点看世界，就是把世界看作一个以"生命形态"生存着的"活的世界"。这样的世界是一个具有组织性、秩序性的巨大系统。所谓生命态，就是指这个生态系统相对稳定的"平衡态",所谓生存就是指这一系统的"自组织""自维生"的活动。所谓生存价值就是这个生命系统所追求的最高价值。

(一)"人与自然生命共同体"理念的提出

2021年4月22日,国家主席习近平在北京以视频方式出席领导人气候峰会,并发表题为"共同构建人与自然生命共同体"的重要讲话。习近平总书记强调,要坚持绿色发展,坚持多边主义,坚持共同但有区别的责任原则,共同构建人与自然生命共同体。实现了对于生命的有机性和创造性的理解,超越了近代机械自然观,发展了马克思自然观,开创了人与自然和谐共生的中国式现代化道路。

习近平主席指出,气候变化给人类生存和发展带来严峻挑战。面对全球环境治理前所未有的困难,国际社会要以前所未有的雄心和行动,共商应对气候变化挑战之策,共谋人与自然和谐共生之道,勇于担当,勠力同心,共同构建人与自然生命共同体。构建人与自然生命共同体是习近平人类命运共同体的组成部分,其中包含着对全世界的责任。同时,是顺应新时代我国社会主要矛盾的转化和经济全球化时代的浪潮,是应对生态环境问题的重要指导思想,融入经济、政治、社会等各个方面,突出了自然的自然属性、生产力属性和人的社会属性。

习近平主席在讲话中首次全面系统阐释"人与自然生命共同体"理念的丰富内涵和核心要义。从人与自然和谐共生出发,强调"我们要像保护眼睛一样保护自然和生态环境,推动形成人与自然和谐共生新格局"。

一是坚持人与自然和谐共生。二是坚持绿色发展。三是坚持系统治理。四是坚持以人为本。五是坚持多边主义。六是坚持共同但有区别的责任原则。这"六个坚持"体现了习近平主席对人类应对气候变化,妥善处理人与自然关系,实现全人类可持续发展的远见卓识,展示了中国参与全球气候环境治理的宽广格局。习近平主席从人与自然和谐共生切入,呼吁国际社会勇于担当、勠力同心,共同构建人与自然生命共同体。这是习近平主席站在全人类前途命运高度，秉持对世界人民和子孙后代的责任感，为加强全球环境治理提出的"中国方案"，为处于关键节点的全球环境治理指明了通往清洁美丽世界的金光大道。

（二）"人与自然生命共同体"的理论蕴意

中华传统文化中"天人合一"哲学思想体系的核心是视人与自然为一个生命共同体和道德共同体，以实现人与自然的和谐为最高理想。正如老子所言，"人法地，地法天，天法道，道法自然"。宇宙自然是大天地，人则是一个小天地。人和自然在本质上是相通的，故一切人事均应顺乎自然规律，达到人与自然和谐。《荀子·天论》篇说："天行有常，不为尧存，不为桀亡。"荀子强调的"天"是顺应自然，遵循自然规律的。我们可以看出，中国古代的文化是非常重视人与自然关系的，虽然人们当时的生产力水平低，对自然的认识不够深入，但对待自然的态度是十分值得我们学习和借鉴的。

从古代的农业文明经过近代的工业文明到当代的生态文明，人与自然的关系经历了一个历史的"否定之否定"的演变过程。这一过程，也是人与自然生命共同体理念的形成过程。农业文明中的人与自然的关系是以自然为中心的。这种文明的主要生产方式是农业生产，而农业生产的基本特征就是它的"自然性"：这种生产是由"自然生命"直接进行的，而不是由人直接进行的，因而是一种"自然性生产"；工业文明中的人与自然的关系是以人类为中心的。到了工业文明时代，人与自然的关系发生了根本变化，从农业文明时代的以自然为中心逐步转变为以人类为中心。工业生产的生产方式所具有的特殊性质，从根本上决定了人在整个社会生活中的主导地位。因此，人们关于人与自然关系的哲学意识，也从农业文明时代的自然中心主义转向人类中心主义。工业文明时代的人类中心主义的哲学与伦理意识，否定和取代了农业文明时代的自然中心主义的哲学与伦理意识。

在当代，人们既看到了人类为了生存而改造自然的必要性，也重新认识到了维护自然生命系统的稳定与平衡的必要性。我们所要构建的生态文明中的人与自然的关系,是人与自然和谐共生的关系。现在,人类已经开始从人类中心主义的盲目自信中走出来,用一种新的哲学反思自己、批判自己,力图找到一条能够解决当前所面临的生存困境的正确道路。

人与自然是辩证统一的关系。人类是自然界的重要组成部分,自然界先于人类而存在,自然界具有不依赖于人类的内在创造力,它创造了地球上适合于生命生存的环境和条件,创造了各种生物物种以及整个生态系统。人作为自然存在物,依赖于自然界,自然界为人类提供赖以生存的生产资料和生活资料。人因自然而生,人与自然是一种共生关系,人类发展活动必须尊重自然、顺应自然、保护自然,这是人类必须遵循的客观规律。

党的十九大报告指出:"人类只有遵循自然规律才能有效防止在开发利用自然上走弯路,人类对大自然的伤害最终会伤及人类自身,这是无法抗拒的规律。"人与自然的共生关系决定了如果人的行为违背自然发展规律,必然受到自然的惩罚,人对自然的伤害最终会伤及人类自身。正如恩格斯指出的,如果说人靠科学和创造性天才征服了自然力,那么自然力也对人进行报复,按人利用自然力的程度使人服从一种真正的专制,而不管社会组织如何。因此,坚持"人与自然是生命共同体"的理念,以对人民群众、对子孙后代高度负责的态度和责任,加快建设生态文明的现代化中国,推动人与自然和谐共生是一项具有重要意义的系统工程。

(三)"人与自然生命共同体"理念的实践路径

作为大学生,该怎样更好地学习贯彻"人与自然命运共同体"的理念呢,主要可以从以下几个方面来进行。

(1)推动形成绿色发展方式和生活方式。良好的行为习惯往往能够促成良好的思维习惯,且更具稳定性、持久性。因此,可以通过培养绿色的生活、消费习惯来构建其"人与自然和谐共生"的理念。

一是要倡导绿色低碳的生活方式。人的一切生活资料都来自大自然,大学生的生活方式往往能够看出其对自然资源的态度。要注重珍惜资源,自觉奉行"光盘政策"，节约用水用电，垃圾分类处理。在日常小事中自觉地为坚持人与自然和谐共生作出贡献，从而将生活习惯逐渐转化为一种思维习惯，并结合着理论和实践将思维习惯转化为"人与自然和谐共生"的理念，反过来又在生活习惯中不断巩固和深化这一理念。

二是要倡导绿色的消费方式，尽量避免不理智消费、盲目消费、奢侈消费，积极倡导绿色消费，例如尽量选择共享单车、公交车等低碳出行方式、购物袋重复利用、拒绝过分包装等，从而使大学生在日常消费中强化生态意识，逐渐构建起"人与自然和谐共生"的理念。

（2）自觉投入校内外的实践活动。积极参加校内的生态文明建设活动，自觉保护校内的山水林湖草，做校园生态环境的守护人。对于班级或者宿舍内的盆栽等室内景观植物，可用责任到人来长期负责，给予大学生参与建设生态文明的机会，不仅可以调节大学生的日常生活，也可以使其在这一实践过程中感悟自然的美好，拥有获得感和成就感；也可以利用假期进行社会生态文明实践，可以选择社会调查、参观访问等不同方式，尤其鼓励大学生回到家乡参与生态文明建设，为建设美丽家乡作出贡献，从而在社会生态文明实践中逐渐构建起"人与自然和谐共生"的理念。

（3）积极参与校园文化宣传。校园文化是各高校所具有的独特的文化氛围和精神品质的总和，它既包括校园环境、硬件设施等显性校园文化，也包括舆论环境、校风学风等隐性校园文化，良好的校园文化往往能够对大学生起到潜移默化的教育效果。因此，可以通过校园文化的宣传来构建大学生"人与自然和谐共生"的理念。首先，要努力建设一个充满生机与活力的绿色校园，注重校园绿化的建设和管理模式的创新，为全体师生营造一个怡然宜居、心情舒畅的优美校园环境，让大学生在校园生态环境中感悟大自然的魅力，从而逐渐形成对待自然界的正确态度；其次，要利用好校园的公共媒体资源和组织资源宣传"人与自然和谐共生"的思想，在校园公众号、校园微博等网络平台上征集发布相关的文章作品，普及生态知识，利用校宣传栏广泛宣传"坚持人与自然和谐共生"的重大意义，尤其要利用好植树节、世界地球日、国际动物日等与生态有关的特殊节日向大学生传递"要始终坚持人与自然和谐共生"的思想;最后,要营造尊重自然、爱护自然的良好舆论环境,努力让大学生树立以呵护自然为荣、以破坏自然为耻的生态荣辱观,让"人与自然和谐相处"的良好品质在校园内蔚然成风。

二、关爱一切有生之命

2020年初,新冠肺炎疫情在全球爆发,再次引发了人们对人与自然和谐共处问题的深思。党的十九大报告明确指出:"人与自然是生命共同体,人类必须尊重自然、顺应自然、保护自然。"如今,建设生态文明、实现人与自然的共存共荣不仅关系到某个人、某个国家,更是事关整个人类生存发展的重要课题。人与自然之间不是敬畏与被敬畏,也不是征服与被征服,而是和谐共存。正如马克思所说"人与自然和谐共存才能实现真正的自由",也就是说人不再把自然当成一种异己力量相排斥,而是在遵循自然定则的基础上发挥自己的主观能动性,实现人与自然的长足发展。

敬畏生命,遵循自然规律,加强生态教育,是在新冠肺炎疫情面前进行生命教育的重要内容。人类历史上发生过多次大规模的传染疾病。20多年来,世界上先后就有SARS(严重急性呼吸综合征)病毒、埃博拉病毒、新冠病毒等危害人类的病毒出现并引发疫情。这些疫情虽然发生在人类社会,对人类生命安全产生威胁,但是其涉及的生命可能还包括自然生命。因此,我们不能仅仅局限于人类生命的角度来认识疫情,而应将对生命的认识置于自然的范畴,去认识可能引起疫情的病原体的生命本质,以及其可能与人类的生命之间的联系。对待自然生命,我们应当始终保持敬畏之心。自然系统是由千万种生命相互联系形成的一个统一体,一旦其所处环境遭到破坏,人类自身的生命安全就有可能受到影响。恩格斯在《自然辩证法》中指出:"我们不要过分陶醉于我们人类对自然界的胜利。对于每一次这样的胜利,自然界都对我们进行报复。"

因此，教育引导学生敬畏生命、善待自然，促使学生顺应并尊重自然万物生命的规律以及人的生命成长的规律，尤为重要。德国思想家阿尔贝特·施韦泽在《敬畏生命》中指出："敬畏生命的人，只是出于不可避免的必然性才伤害和毁灭生命，但从来不会由于疏忽而伤害和毁灭生命。"开展生命教育，引导学生从生命的视角来看待人与自然的关系。认识到人与动物、人与自然之间并不是割裂开来的孤立存在，而是相互依存、协调共生的统一体。人类一旦破坏了自然界的平衡，必然会受到大自然的惩罚。因此，要保持科学的生活方式，调控自身的行为，对自然界所有生命心存敬畏，尊重自然界生命的多样性，感受到自然界的每一个生命的成长都来之不易。要善待自然界，保护我们所赖以生存的环境，顺应自然规律，使得人类的生命与其他物种能更和谐地存在于发展之中。

（一）大学生对待校园流浪猫狗的基本态度与投喂

近年来全国各地的学校发生因打狗事件而引起关注和争论的事件也是屡见不鲜、层出不穷的。在校园出现的大学生投喂校园流浪猫的事件也逐渐引发社会关注。一些新闻标题如"校园流浪猫狗该何去何从？""大学校园流浪猫狗'扩军'，安全隐患谁担责？""怎么对待大学校园里的流浪猫狗？"等经常在网上可以看到。提起校园流浪狗，很多人就会想到网络上诸多关于捕杀、驱赶流浪狗的相关消息，这种做法引起很多学子的不满和热议。投喂背后体现出大学生的价值取向和精神诉求。高校要直视当代大学生的心理症候、价值取向和精神诉求，通过对高校大学生投喂流浪猫行为的正向价值引领，使之成为高校思政教育工作者与青年之间的一个沟通载体，继而使高校思政教育工作更富温情、更有人文性。

（二）大学生投喂校园流浪猫狗背后的价值取向和精神诉求

经过文献资料搜集和多年学生工作的积累，其背后的价值取向和精神诉求主要是：满足自我情感依恋。有调查研究显示[①]：为了解大学生对待校园流浪猫的基本态度与投喂现状，研究组回收的问卷显示有大部分学生喜欢校园流浪猫并有投喂校园流浪猫的经历，其背后的价值取向和精神诉求主要是满足自我情感依恋。问卷显示，同情流浪猫、无法抵挡流浪猫的吸引力、投喂有助于减压等成为大学生投喂校园流浪猫的主要原因。同时，从心理学角度来看，猫的圆脑袋、大眼睛和短鼻梁，具有"婴儿"属性，给人软萌可爱的第一感，容易激发人的保护欲，产生依恋心理。英国精神分析师约翰·鲍尔比提出："依恋是个体与重要他人形成牢固的情感纽带的倾向。"[②] 它是指儿童通过积极调节自身行为的方式，诱发主要照顾者的照顾行为。一个人在儿童早期与父母之间形成的依恋模式，将会影响个体成人后对繁衍及其后代的依恋想象。

对于背井离乡、外出求学的大学生而言，长期没有家人朋友陪伴在侧的分离体验，激发了在儿童早期与父母分离的强烈痛感。现代社会的激烈竞争和生存压力又迫使他们向成人世界迈进，这些均推动高校大学生从依恋关系中的"孩子"角色向"主要照料者"角色转变。他们仅需以剩菜、零食等较低成本的方式投喂流浪猫，便会获得流浪猫对人类的食物依赖和亲昵回馈，收获被需要的情感体验，从而短暂地摆脱自身由于经济、学识、能力均处于积累期或迷茫期的相对弱势的社会身份。根据依恋理论可以发现，高校青年与流浪猫之间的照顾者与被照顾者的关系，正是个体对孩童早期依恋经验的再现与重构。

（三）对大学生投喂校园流浪猫狗的思想引导和生命教育

针对校园流浪狗、流浪猫，需要有一种妥善的方式，既保护这些小动物又能满足校园安全的需要。

[①] 林曼曼，黄汐琪，陈沛瑶. 新媒体时代"吸猫"青年群体的精神画像研究——以G校大学生投喂校园流浪猫为例[J]. 新闻研究导刊. 2021, 12（7）：71-72.
[②] 张玉沛. 情感联结的意义——约翰·鲍尔比依恋理论研究[D]. 南京：南京师范大学，2012.

（1）做好大学生的安全意识教育。学生的安全和校园的稳定，关乎着学生的切身利益和学校的教学秩序。现在绝大部分的大学生均是从高中校门直接迈进大学校门，人生阅历较浅，思想相对单纯，对安全认识不足。当然，对狗的认识也是不足的。所以，辅导员必须把大学生安全教育摆在首要位置。狗是人类忠诚的朋友，看起来乖巧可爱，学生们当然视为宝贝，恨不得抱在怀里。但不可否认，有的流浪狗是恶狗、疯狗、病狗。这些流浪狗若是遭主人抛弃，会产生仇视人的情绪，有时为了自保就会攻击旁人。另外，流浪狗不能定期打疫苗，接触的野外环境比较恶劣，身上容易携带鼠疫、跳蚤和寄生虫等病毒。一旦被狗咬伤，可能会被狗传染病毒，将会对师生的生命健康造成威胁。因此，学校保安在人来人往的学生公寓楼及时打狗是情有可原的。辅导员要通过多种渠道，做好大学生安全意识教育，提醒大学生提高警惕，不可挑逗、挑衅、驱赶流浪狗，也不可随意靠近和触碰流浪狗，发现流浪狗要及时报告，妥善处理。

（2）做好学生组织管理的工作。大学生社团是学生组织形式之一，是辅导员开展大学生思想政治教育、增强教育效果的组织之一。因此，针对校园流浪狗越来越多的状况，学校共青团可以联合学校的保卫队，组织大学生成立"动物管理协会"，加强"动物管理协会"的领导和管理，支持协会的大学生开展关于动物保护法的宣传，开展流浪动物的防护知识宣传，健全校内饲养动物的制度，禁止在校生在校饲养宠物，规范教职工在校饲养宠物。组织协会的大学生不定时在校园内进行巡逻，发现流浪动物及时上报，成立校内动物救助站，加强与社会上的动物救助站、收容机构的联系，妥善安置、处理流浪动物。"动物管理协会"的大学生通过多途径多样式开展关于流浪动物、家养动物的宣传教育工作，既能管理流浪动物、家养动物，又能增加大学生的法律知识，增强大学生的自我保护意识，有效促进安全文明校园建设。

第七节　生命闲暇：找寻幸福密码

学习目标：在学习本节的基础上，要求学生理解"生命闲暇"的概念，学会运用本节知识在日常闲暇生活中找寻到生活中的幸福。本节目的在于培养学生闲暇时间的利用有效性，从而珍爱生命，享受生命中的小美好。

闲暇愉快地生活是人类生存的不懈追求。大学生作为拥有闲暇时间较多的一个特殊群体，应抓住生命中的每一分钟，为将来的生活做准备。大学阶段是大学生人生观、价值观以及道德观形成的关键时期，大量的闲暇时间也是一把双刃剑，积极有效地利用则为生命的自由发展提供可能；反之，则可能损害大学生的身心健康，甚至产生危害社会的极端行为。希望通过生命视域下的大学生闲暇教育使之养成良好的闲暇素养，积极有效地度过生命中的每一时刻，提高闲暇生活质量和生命质量，提升大学生的生命意义，帮助大学生实现生命的价值。

大学生生命闲暇这一节分为三部分：一是生命闲暇；二是阅读经典著作；三是幸福人生。

一、生命闲暇

大学生的闲暇时间是指除了学校教学计划、课程表规定的学习时间及维持个人生命所需的时间之外的自主管理、自由支配的时间，主要是课余时间、双休日、节日及寒暑假，全年共有140~160天。高校生命闲暇教育作为提高大学生闲暇品质的一种教育，可以通过有针对性地向大学生传授各种闲暇活动的知识和技能，让大学生树立积极向上的闲暇价值观，提高大学生的闲暇生活能力，从而丰富和提高闲暇生活质量，实现生命的和谐、自由、全面发展。

（一）生命闲暇教育的目标：促进生命的全面发展

闲暇时间是生命的重要组成部分，是人的自由全面发展的必要条件，是感悟生命价值的重要途径。闲暇与生命的内在关联主要体现在三个方面。第一，闲暇是生命健康成长的一种手段。生命是宝贵的，来是一瞬，去是永恒，珍惜仅属于自己一次的生命是人生的永恒主题。闲暇可为我们生命的发展搭建更广阔的舞台，让我们可以对生命进行更冷静的沉思。第二，闲暇是生命质量提升的一个过程。闲暇中，我们可以感受生命的灵动，捕捉生命的精彩，体验生命的意蕴，从而为产生积极的生命创造做准备。第三，闲暇是生命状态呈现的一种方式。闲暇是一种生命状态，是生命存在的一种方式。摒弃闲暇，就意味着没有完整的生命。

席勒认为："只有当人真正懂得休闲的时候，只有当他进入休闲状态的时候，他才真正成为了人。"[1] 马克思也认为："时间实际上是人的积极存在，它不仅是人的生命尺度，而且是人的发展的空间。"[2] 在马克思的人本理念中，人应当成为全面发展、和谐、自由的人，而闲暇则是实现生命的舒展、和谐、自由的生命存在。爱因斯坦在对人的"从业"和"闲暇"现象进行研究后发现，"人的差异就在于业余时间"，闲暇时间的利用很大程度上决定着人的生活质量和事业成败。因此，我们需要在生命关怀的大视域中去关照闲暇，在时间的维度上丰富和提升当代大学生的闲暇生活，让闲暇时光成为一种积极的生命存在，使大学生年轻的生命更加鲜活、充实、丰盈。让闲暇时间不仅成为大学生全面发展的基本空间，而且成为大学生全面发展的重要途径。通过闲暇教育，帮助我们的大学生形成合理的闲暇价值观，形成合理的知识结构，培养各种能力及完善人格，成为全面发展的优秀青年。

---

[1] 席勒. 美育书简 [M]. 徐恒醇，译. 北京：社会科学文献出版社，2016.
[2] 马克思，恩格斯. 马克思恩格斯全集：第 47 卷 [M]. 北京：人民出版社，1979：532.

（二）生命闲暇教育的内容：以生命教育为主题

生命教育以人文关怀为着力点，重视对人的无限关怀，促进人的生命的自由生长。高校闲暇教育的目的是提高大学生的闲暇生活质量，促进其健康成长和全面发展。因此，可以把高校闲暇教育看成高校生命教育的有机组成部分，而生命教育也应成为闲暇教育的主题。

（1）珍惜生命。只有生命存在，才谈得上发展和质量。无论个体处在什么样的条件下，只要生命存在，发展的可能性就存在，生命与发展的可能性永远共存。因此，在闲暇教育中，应教育大学生重视闲暇时间，科学合理地安排闲暇时间，掌握相关的闲暇技能，确保身心健康和人身安全。只有这样，生命才有发展的可能。

（2）欣赏生命。闲暇生活是一个广阔的空间，每个大学生都可以根据自己的需要发展自己的兴趣爱好，提高自己的审美情趣。因此，闲暇教育要教育大学生学会发现生命之美，学会欣赏生命，用一颗感受生命之美的心灵来感悟生命。此外，还要通过各种社团活动培养大学生感受自然之美、艺术之美、科学之美、人性之美的能力。

（3）尊重生命。每一个生命都是独一无二的。高校闲暇教育要让大学生时刻明白："我是独一无二、与众不同的，世界上没有一个人能替代我！无论我身上有多少缺点和不足，我的生命都是有价值的。"[①]并通过开展丰富多彩的校园文化活动培养大学生个性，让其生命充满活力、充满激情。

（4）提升价值。生命本身有着崇高的价值，生命不仅意味着肉体的存在，还是一种意识观念的载体，其价值不仅在于寿命的延长和外表的美丽，还在于心灵的善良、人格的健全、灵魂的美丽。生命的价值不仅在于享受生命，享受人生，还在于奉献。因此，要注重宣传社会主义核心价值观，让社会主流意识进入大学生的头脑和心灵，让大学生明白：生命的价值在于奉献，哪

---

① 邵汉明. 中国文化精神[M]. 商务印书馆，2000：72.

怕只给世界增添一缕光彩、一丝温暖，生命也有价值。

（三）生命闲暇教育的路径：尊重生命的合理需要

有调查研究显示①：大学生不良闲暇生活状态大概体现在三个层面。一是追求感官享受，精神生命缺失。今天，以琴棋书画为代表的传统闲暇方式正日益边缘化，对物质的占有欲使当代大学生在课业之余，过分追求现代科技带来的感官刺激与震撼，玩得忘乎所以。二是拼命追求学业，闲暇生活缺失。少数大学生排斥闲暇生活，他们认为，享受闲暇生活就是浪费时间，虚度光阴。于是，整日奔走于食堂、教室、图书馆、宿舍，总觉得有书要读，有"级"要过，凡"证"必考，把成绩与证书看成衡量生命价值的唯一尺度。三是过分强调自由，完整生命缺乏。我国大学生是拥有闲暇时间较多的群体。有的大学生过分追求自由闲暇，对生活无目的、无计划，缺乏完整的生命，漂泊的灵魂使其成为"无意义感的动物"，被称为校园游荡一族。

生命闲暇教育主要体现在三个方面：

一是合理安排闲暇时间。学校既不能盲目采取强制性措施，横加干涉，也不能放任自流，而要从实际出发，在正确引导的基础上进行教学控制和优化。高校生命闲暇教育应着眼于大学生的身心健康与全面发展，有益于满足大学生的生命发展需要。对贫困大学生而言，他们需要利用闲暇时间来满足自己的生活需要，所以希望学校提供更多的助学岗位和较丰厚的工资待遇；而对于生活需要已基本满足的大学生，他们则希望学校开展更多丰富多彩的校园文化活动，以寻求更高层次的需要。如：在闲暇活动中与老师和同学进行交往，感受团体的温暖，建立良好的人际关系，获得爱和友谊，获得别人的尊重和较好的评价；通过学校组织的各类比赛活动体现个人能力，展示自己的才艺，满足自我实现的需要。

---

① 金丽娜，王勇鹏. 公安院校大学生闲暇教育新思路——对当前公安院校在校生闲暇教育调查的一点思考[J]. 湖南警察学院学报，2011，23（4）：144-148.

二是合理安排闲暇生活的内容。闲暇生活的内容应包括责任与义务、知识与创造、文化与品德、自助与他助、健身与修心等极其丰富的内涵。对于所有大学生而言,平安和谐的校园是大学生活动的舞台,需要人身财产、人际交往、勤工助学、参加社团活动、心理卫生及求职择业等方面的安全。安全需要是大学生的基本需要,因此,高校除了提供安全服务之外,还要对大学生进行生命安全知识教育,加强安全管理。所以高校闲暇教育的开展应根据学生的实际情况,努力满足大学生各种层次的需要。

三是合理安排闲暇途径。通过大学生喜闻乐见的形式和途径,多开展既与他们专业相通又令他们感兴趣的闲暇活动,吸引他们参加。大学生闲暇生活的总趋向是积极进取的,但也存在消极、不健康的一面。因此,高校要有计划、有组织地开展丰富多彩、有益身心的校园闲暇活动,提高他们的闲暇生活质量。由于学生社团具有类型多样、活动形式灵活等特点,所以应充分发挥学生社团在闲暇教育中的重要作用。

二、阅读经典著作

经典著作是一个民族在长期历史发展中形成的宝贵精神财富,是民族文化精神的集中体现,蕴含丰富的价值观教育资源。对经典著作的衡量标准应该把握以下三点:一是达到了空前绝后高度;二是上升到了理性高度,对人们的生存生活具有长远指导意义;三是能经得起历史和人民的反复检验和引用,并不断释放出能量。经典著作是一个民族在一定历史时期的权威性、典范性著作,是历史筛选出来的最具传承价值和精神厚度的传世之作。经典著作阅读充当了隐性价值观引导的载体,体现了民族文化传统中核心的价值观,为价值观引导提供了丰富而深刻的内容。同时,经典著作通过语言艺术形象的间接性、思想价值和情感表现的饱满性深入人们的精神世界,引发受教育者的情感共鸣,对主流价值观的内化具有无可替代的作用。经典著作阅读作为大学生较为喜爱的文学审美活动,能很好地充当大学生价值观引导的隐性载体，在增强大学生价值观引导的情感感染力，为大学生价值观引导提供实践素材，促成大学生价值观的自我教育，并实现大学生价值观引导的审美发展方面具有独特作用。

然而，随着网络时代的到来，伴随着经济、文化的转型，人们的工作、生活节奏变快，传统阅读行为减弱、退化，读书率持续下降。这种现象在高校中也较为突出，不少大学生读书量减少，或者不读书，或者只读娱乐消遣、考试应用类书籍，又或者以网络阅读完全替代纸版阅读。近些年，由于数字技术、网络技术、移动技术的高速发展，以及手机使用率的普及，手机打破了我们过去的生活状态。通过手机可以实现人际交往、购物、娱乐、兼职、信息查阅等。大学生在闲暇时间里有了更多的选择。人际交往不会再被时间和空间所阻隔，随时随地都可以联系到自己想要联系的人，天南地北地嗨聊。视频通话的便捷性和直观性更是减少了对文字、词藻的使用需求。网络游戏更是让不少大学生欲罢不能，层出不穷的网络游戏吸引了大批大学生，也耗费了他们大量的业余时间。他们在网络世界里畅游，扮演各种在生活中无法体验的角色。通过闯关、打怪进行升级，获得网络游戏所带来的成就感。这远比通过读书带来的成就感更快、更直观。各类网剧的热播，题材繁多，历史、抗战、科幻、穿越，加上当红明星的出演让网剧大受追捧。相比文字的阅读，观剧则更直观，对视觉冲击更大。并且部分大学生们理所当然地认为，也能够从网剧中获得各类知识。更重要的是，通过手机，学生可以随时随地查阅自己需要的各类信息，包括时事新闻、八卦杂志、科学技术、文艺小说。在需要的时候，拿出手机查一下就能找到自己需要的答案。不需要依靠平时的阅读来积累知识。

（一）保持对阅读的敬畏

只有保持对阅读的敬畏，才能懂得学习不仅是走进课堂，阅读无处不在。阅读是一种文化。阅读是人们将眼睛看到的情景再现至脑海中，经过长期的思考积累迸发出的一种智慧，是在人与书的交流中展开的思维碰撞。阅读能产生"成就感",将他人的智慧加上自己的理解,恰如其分地表达出来。大学生是阅读者中最活跃的群体,对作品阅读的阐释也最丰富,对同一文本,会有只因读者不同,结果迥异的多元阅读。大学生都将面临考研、出国、就业、创业等很多道路的选择,必须有不同方面的知识储备,应该思考课堂外的闲暇阅读,要走进图书馆,接收阅读。研究指出,看手机和阅读书籍是两种判若有别的文化,前者是不容思考,遵循速度法则,而后者是以安静的阅读方式,或掩卷沉思默想,或来回地反复阅读某些篇章,较之于前者,阅读书籍是更具理性的活动。倡导大学生闲暇阅读,在闲暇时光里进行有分量、有底蕴的阅读,通过阅读教育,教会学生试着"放慢阅读",将信息转化为洞察力,去理解、去领会。

(二)经典著作阅读是生命间的相互影响

在网络阅读大行其道的形势下,我们要有清醒的认识:网络阅读与传统阅读的效果完全不同,前者永远无法取代后者。有专家认为,阅读纸质书需要有耐心,要从头到尾地读,不断深入地思考和进行逻辑性论证;而网络阅读则容易被困在信息茧房。但是,完全取消网络阅读又不现实,大学生应该在饱览纸质图书的基础上,辅以网络阅读。"书籍是人类进步的阶梯。""书犹药也,善读之可以医愚。"在阅读时保持平和的心态,拥有独立理性的思考力,坚持下去就锻炼出了自学的能力。自学能力的有无和强弱则是一个人能否在社会生存和发展的根本。相应地,独立思考能力的有无和强弱也决定着一个人上升的空间和高度,而独立思考能力与经典著作阅读有着重要的关系,深度阅读和长久阅读有助于独立思考能力的养成。一个人侥幸获得一个机会、一个职位,不一定能够永久保持;而拥有了自学的能力和独立思考的能力,则可以无往而不胜。经典著作阅读可以促成自我价值观教育。要实现大学生价值观的内化和自主建构,发挥大学生价值观建构的主动性和积极性,最高境界是实现大学生价值观的自我教育。自我教育不是凭空产生的,需要外界环境的助推和培育。传统的价值观教育多以理论灌输方式进行,受教者在潜移默化中习惯了灌输式的被动，对所学的理论知识或是某类榜样究竟是为了成为他者还是源于自身内在的某种意愿缺少怀疑，这恰恰是自我教育的缺失。在人类社会文明进程中，文学扮演着辅助人们进行自我教育的作用。经典著作作为最能代表时代核心价值的文学作品，凝聚了这个时代最优秀的人物关于宇宙、社会、人生的思考，学生沉浸其中，能真正体会"我从哪里来"的深刻含义。经典著作对人的把握和理解是深刻的，学生在阅读中经历情感涤荡，与作者产生情感共鸣，从而不自觉接受经典中传递的价值观，触发内在原生性的向上向善的唤醒，并对"我应该到哪里去"有深刻思考和反省。同时，经典作品中塑造了许多经典的人物形象，很好地起到了榜样教育的效果。经典著作渗透进人们的生活，以形象生动的方式告诉人们生活是怎样的、生活应该是怎样的；学生在对特定生活背景下人物形象的欣赏和理解中自觉接受人物品质对自身的影响。在经典著作阅读中，主体从自身需要和利益出发进行自我评价，对照内在需要和人物形象的外在先进性完成了评价标准的选择和榜样的树立，并以经典著作中的榜样为价值引领来建构自身的价值观生长模式。另外，自我教育不是一蹴而就的事情，而是一个"致良知"的功夫，需要教育内容的反复正向刺激。经典著作阅读作为价值观传承和教育的典型范式，作为一项学生较为喜爱的课余文化活动，能够通过校园良好阅读氛围的营造和多样化阅读活动的开展提供良善的价值观培育环境，避免自我教育的场域和价值观教育的主阵地发生分割或偏离，反复给大学生价值观的自我教育以正向刺激。

（三）经典书目推荐

为进一步贯彻习近平总书记关于传承和弘扬中华优秀传统文化的系列重要讲话精神，落实中共中央办公厅、国务院办公厅印发的《关于实施中华优秀传统文化传承发展工程的意见》。由中宣部、文化和旅游部委托国家图书馆组织编纂的《中华传统文化百部经典》首批十部图书已经正式出版发行，包括《周易》《尚书》《诗经》《论语》《孟子》《老子》《庄子》《管子》《孙子兵法》和《史记》,开展"让经典走向大众——《中华传统文化百部经典》推介全国行"活动。中国图书馆阅读推广委员会定期推广经典书目。

下面也有一些推荐书目,供参考。

大学生必读经典书目(中国文化篇):《谭嗣同文选注》《中国哲学大纲》《读通鉴论》《春秋左传注》《宋词三百首笺注》《中国近三百年学术史》《明夷待访录》《传习录》《孙中山选集》《文心雕龙》《世说新语》《国史大纲》《史记》《孙子兵法》《汉唐佛教思想论集》《张载集》《论语译注》《老子校释》《荀子简释》《四书章句集注》《周易通义》《校注人间词话》。

大学生必读经典书目(外国文学篇):《红与黑》《悲惨世界》《卡夫卡短篇小说选》《母亲》《汤姆叔叔的小屋》《雪国》《泰戈尔诗选》《浮士德》《伊利亚特》《堂吉诃德》《约翰·克利斯朵夫》《老人与海》《百年孤独》《哈姆雷特》《简爱》《安娜·卡列尼娜》《复活》。

读史使人明志,读诗使人灵透,数学使人精细,物理学使人深沉,伦理学使人庄重,逻辑修辞则使人善辩。古人云:"学皆成性。"无独有偶,唐代大诗人杜甫也说过:"读书破万卷,下笔如有神。"如果有足够的自制力和明辨力,那就会开卷有益。大学生们应从阅读经典开始有意义的人生。

三、幸福人生

霍尔巴赫曾说:"幸福是一种存在的方式,一种我们希望它延续不断或我们愿意在它之中长久生存下去的存在方式。"[1]

近年来社会上存在过分追求物质利益,缺乏信仰、理想和精神追求的现象,受到社会大环境的影响,功利主义教育观和实证主义教育观在大学流行并占强势地位,二者在本质上都是以知识为本,而不是以人为本的教育价值观,均忽视了教育"形而上"的文化和精神价值。苏霍姆林斯基曾说:"理想

---

[1] 姬杨. 高校教师主观幸福感及人格特征的关系研究[D]. 长春:东北师范大学,2007.

的教育是培养真正的人,让每一个培养出来的人都能幸福地度过一生。这是教育应该追求的恒久性、终极性价值。"[1]因此,教育以幸福为目的,既是一种实然事实的存在,也是一种应然价值的追求。

如何让大学生过上一种幸福而完整的教育生活呢?通过生命教育引导大学生树立科学的价值观、人生观、世界观等,使大学生对人类文明的丰富性和多样性有深切地体验与感受,成为培育大学生幸福人生的一个重要路径。大学生生命教育的内涵是引导大学生正确认识人的价值、生命的真正意义,培养大学生的人文精神和终极信仰的追求,养成大学生的关爱情怀。大学生生命教育以帮助大学生认识生命的意义,建立积极的生命价值观,提升生命质量,推动人与人、人与自然和谐关系的形成,获得幸福人生为宗旨。从心理学来说,幸福是人的一种体验,也是一种能力,幸福能力的提高需要生命教育。

(一)幸福的界定

1. 西方幸福思想主线

积极心理学之父马丁·塞利格曼在《持续的幸福》一书中提出的幸福大厦模型,也被称为PERMA模型,可以解释人类幸福感的五个关键因素维度。它是指幸福由积极情绪(positive emotion)、全心投入(engagement)、意义(meaning)、成就(accomplishment)、人际关系(relationships)五个要素组成。PERMA模型提供了一个全面的框架,帮助个人从多个角度理解和提升自身的幸福感。通过实践这些要素,人们不仅可以改善当下的生活质量,还能为未来持续的幸福奠定坚实的基础。

著名的心理学家丹尼尔·卡尼曼,他从心理学的角度提出了幸福四要素。第一个幸福要素是总体的幸福感。第二个幸福要素是快乐的性格。第三个幸福要素是积极的情绪。第四个幸福要素是愉悦的感觉。喜欢某件事情时,努

---

[1] 植凤英. 心理资本:让学生幸福成长的心理基础[J]. 人民教育,2011(18):30-32.

力去实现,自然而然就可以产生愉悦的感觉。

哈佛大学心理学硕士、哲学和组织行为学博士泰勒·本-沙哈尔在《幸福的方法》中提出了幸福的汉堡模型和 MPS 方法,用来说明几种常见的人生模式,并指出,幸福没有一个标准答案,永远也不会有。每个人都可以定义自己的幸福,但是,请不要把幸福当作生活的终点,因为那样的话,你没有达到时,不会感到幸福,而你一旦达到,幸福的追求过程又结束了。这会带给你不满和挫败。幸福工作法之 MPS 方法中 M 指意义(meaning),P 指快乐(pleasure),S 指优势(strengths)。让我们感到有意义,又能让我们体会到快乐,还能发挥我们的优势,这样的工作就是幸福的。

2. 中国传统文化中的幸福思想

中国传统文化中的幸福思想包括儒家、道家、佛家等不同学派的幸福观,形成了一套包含精神满足、道德修养、家庭和睦、社会责任等内容的丰富的幸福哲学体系。这些思想对中国人的幸福观念产生了深远影响,不仅强调个人的精神满足和道德修养,也注重个体与社会的和谐共生。这些思想为现代幸福感的理解和追求提供了宝贵的参考,不仅丰富了人们的心灵世界,也指导人们如何实现个人与社会的和谐共生。

儒家的幸福观强调精神满足与道德修养、家庭与社会和谐、责任担当和奉献。精神上的满足和自我修养是儒家幸福观的核心。儒家认为,物质财富并非不重要,但相比之下,精神快乐更为重要。孔子曾赞赏他的弟子颜回在贫困中仍能保持快乐的状态:"一箪食,一瓢饮,在陋巷,人不堪其忧,回也不改其乐。"《礼记·大学》中的"格物、致知、诚意、正心、修身、齐家、治国、平天下"将个人发展与社会和谐紧密结合,认为个人幸福与社会福祉不可分割。儒家强调"先天下之忧而忧,后天下之乐而乐"的责任感和担当精神。孟子主张"富贵不能淫,贫贱不能移,威武不能屈",强调即使在艰难困苦中也不能失去志向和气节,这种坚持和奉献是真正的幸福。

道家的幸福观强调知足常乐与无为而治、祸福相依与自然和谐。知足常乐的态度和无为的生活方式是道家幸福观的基本要素。老子认为"知足之足,恒足矣"，提倡淡泊名利，顺其自然。道家强调祸福相依，认为人们应顺应自然，不极端追求物质享受或避免困难。庄子认为生命就像四季循环，死亡只是回归自然的一部分，不必过于悲伤这种观点帮助人们在面对世事变化时保持平和的心态。

佛家的幸福观强调涅槃与普渡众生。佛教认为，人生的最终目标是达到涅槃，即摆脱生死轮回的解脱状态。这种幸福不仅是个人的，还包含通过普渡众生实现的共同幸福。佛教传入中国后，与传统文化相结合，影响了中国人对现世和来世幸福的理解。

"出自《尚书·洪范》中的'五福'，即'寿''富''康宁''攸好德''考终命'。"《尚书·洪范》中的'五福'蕴含着中华民族早期关于幸福或好生活的系统化诠释，堪称是中华传统幸福观的开山鼻祖。"[1]五福主要包含以下内容：

一是长寿与善终。五福中的"寿"和"考终命"分别代表长寿和善终。这不仅是对个人生命的期望，也是对一生平安顺遂的祝愿。

二是富裕与健康。"富"指蓄财，"康宁"代表健康平安。这两项虽然重要，但在儒家看来，仍需以道德为基础，才能构成真正的幸福。

三是追求好德与美德。"攸好德"是五福中唯一涉及伦理的一项，孔子特别强调它在幸福观中的重要性。具备好德，不仅能够带来个人的幸福，还能促进家族和社会的繁荣。

中国传统文化还强调集体主义与社会责任。强调个人幸福与他人幸福、社会福祉的结合。孟子提出"与民同乐"，荀子认为理想人格不仅要自己幸福，还要为社会谋福利。这种幸福观要求个体在追求个人幸福的同时，也要关注并促进社会公共利益。先秦诸子的思想不仅在历史上有重要影响，在现代社会依然具有启示意义。他们的幸福观提醒现代人在快节奏、物质化的生活中，不应忘记精神层面的满足和社会责任。

---

[1] 尚建飞."五福"：幸福生活的系统化诠释[N].社会科学报，2024-04-18（006）.

3. 马克思主义幸福观

马克思主义幸福观认为幸福是人们在实践活动中实现自身需求和全面发展的心理体验和社会现象，其核心在于消除异化劳动，实现人类的自由与全面发展。这一观点不仅关注个人的幸福体验，也强调社会制度和集体幸福的重要作用。

马克思认为，幸福的根本在于人的全面自由发展。他批判资本主义社会中的异化劳动剥夺了人的自由本质，提出通过消除私有制和建立共产主义社会来实现人类的真正幸福。在马克思看来，劳动是人类创造物质和精神财富的基本方式，也是实现幸福的重要途径。他指出，自由自觉的创造性劳动是人类的特性，只有在这种劳动中人们才能获得真正的满足感和幸福感。马克思认为，幸福是人们利益和需要获得满足时的一种愉悦心理体验。这种体验是主客体交互作用的结果，既包含物质需求的满足，也包含精神层面的充实。他强调幸福既源自物质需要的满足，也来自精神层面需求的满足，只有两者相结合，人们才能获得持久的、全面的幸福感。马克思指出，个人幸福与集体幸福密不可分。个人不可能脱离社会而存在，因此，个人幸福的实现必须融入集体的幸福事业中。

马克思认为实现幸福的途径是消除异化劳动，在资本主义条件下，劳动成为谋生手段，背离了人的自由本质，因此必须通过社会变革来恢复劳动的自由自觉特性。马克思主义幸福观强调以人民为中心，认为人民是幸福的主体。这一立场不仅是中国共产党为人民谋幸福的理论依据，也是现代社会推进民生幸福工程建设的指导原则。

总的来说，马克思主义幸福观以其独特的实践性、辩证性和历史唯物主义视角，为理解个人和集体幸福提供了深刻的理论基础。它强调通过消除异化劳动、建立共产主义社会和坚持人民立场来实现人类真正的幸福。这些观点不仅对当时社会具有革命性意义，也为现代社会治理和个人追求提供了宝贵的启示。

（二）生命教育中的幸福获得

把文化知识学习和思想品德修养紧密结合起来，把创新思维和社会实践紧密结合起来，把全面发展和个性发展紧密结合起来，把促进人的全面发展和适应社会需要作为衡量人才培养水平的根本标准，最大限度地提升大学生的生活品质，培养大学生创造幸福的能力，才能使大学生过上幸福的大学生活，并为大学生将来的幸福生活打下坚实的基础。

（1）关注大学生的幸福必然要关注生命和人性。生命是第一位的，没有生命，财富、荣誉、幸福等都会成为无源之水、无本之木。那么，一个生命个体，如何才能幸福地生活呢？积极心理学家指出，只有一种方法可以促进人们幸福地生活，那就是重视个人成长，自主发展良好的友谊和社会服务，不断努力追求内源性目标。事实证明，只有不断追求内源性目标，人的精神才会变得富足，才有可能体验到长久的幸福。因此，追求幸福，首先要珍惜生命；其次要追求"人性"中内源性目标的实现。

（2）关注大学生的幸福必然要关注文化和精神。因为幸福归根结底是一种文化现象、一种精神现象。只有关注人的内心，关注人的精神世界，给人的心灵以文化的滋养，才能享受到深层次的幸福。大学是育人的场所，应该培养出既有知识又有文化的高级专门人才。仰望天空比只看脚下能够走得更远，飞得更高，从而更有利于人类发展。从这个意义上说，对人类幸福生活的追求应成为现代大学生自觉的价值取向，加强大学生人文教育是构建大学生幸福人生的必由之路。

（3）关注大学生的幸福必然要关注创造和创新。马斯洛的需要层次理论认为，人的需要是分层次的，从低级需要到高级需要依次为生理的需要、安全的需要、爱的需要、尊重的需要、自我实现的需要，是一个由物质需要向精神需要提升的过程。创造和创新属于自我实现的范畴，是人的最高层次的需要，满足这种需要就会达到最高层次的幸福。因此，创造和创新对人的幸福有着极为深远而深刻的意义。另外，培养创新型人才尤其是拔尖创新型人才是当前党和国家对大学人才培养提出的重要战略任务。因此，加强创新教育是构建大学生幸福人生的应然之策和实然要求。

生命教育首先是教育的价值追求。在大学开展生命教育，不仅有利于培养大学生的生命情怀，还可以提高大学生的生命质量。生命教育不是知识教育，不是认知结果的堆积，而是在过程中生成有关生命的价值感、涵养生命情怀。生命教育能使大学生认真对待并热爱生活，珍视生命，体悟生命意义，不断丰富精神世界，活出自己生命的独特，积极创造生命存在价值，让自由的生命走向超越，创造出幸福人生，成为一个幸福的人。

生命是脆弱而坚强的，是短暂而绵长的，是有限也是无限的。要认识到生命的有限与脆弱，知道如何去面对生命之中的挫折与无奈，珍惜有限的生命，去寻求有限生命的可爱，赋予生命以积极的意义，知道如何在死亡未来临之前好好生活，从而活得满足而充实。对死亡有正确的认识和更深入的思考后才能够有一个健康的心态来看待生与死，在行为上能够坦然地面对死亡，能够坦率地讨论和准备与死亡相关的议题，做好自己的人生规划，建立积极的人生观，提升生命的品质，珍视生命的价值，从而能以正确的态度和顽强的意志保护生命并在学习中感悟生命的意义。

参考文献

一、经典著作和重要文献

[1] 马克思，恩格斯. 马克思恩格斯选集 [M]. 北京：人民出版社，2012.

[2] 马克思，恩格斯. 马克思恩格斯文集 [M] 北京：人民出版社，2009.

[3] 马克思，恩格斯. 马克思恩格斯全集：第 3 卷 [M]. 北京：人民出版社，2016.

[4] 马克思，恩格斯. 马克思恩格斯全集：第 42 卷 [M]. 北京：人民出版社，2016.

[5] 马克思，恩格斯. 马克思恩格斯全集：第 44 卷 [M]. 北京：人民出版社，2016.

[6] 恩格斯. 自然辩证法 [M]. 北京：人民出版社，1971.

[7] 马克思. 1844 年经济学哲学手稿 [M]. 北京：人民出版社，2014.

[8] 习近平. 习近平谈治国理政 [M]. 北京：外文出版社，2014.

二、学术著作

[1] 陈万柏，张耀灿. 思想政治教育学原理 [M]. 北京：高等教育出版社，2007.

[2] 刘济良. 生命教育论 [M]. 北京：中国社会科学出版社，2004.

[3] 冯建军. 生命与教育 [M]. 北京：教育科学出版社，2004.

[4] 肖行. 生命哲学视阈下的生命教育研究 [M]. 厦门：厦门大学出版社，2014.

[5] 张耀灿，郑永廷，吴潜涛，等. 现代思想政治教育学 [M]. 北京：人民出版社，2006.

[6] 侯晶晶. 关怀德育论 [M]. 北京：人民教育出版社，2005.

[7] 杨慕慈. 生命教育 [M]. 台北：禾枫书局有限公司，2003.

[8] 朱小蔓. 情感德育论 [M]. 北京：人民教育出版社，2015.

[9] 刘慧. 生命德育论 [M]. 北京：人民教育出版社，2016.

[10] 王晓红. 生命教育论纲 [M]. 北京：知识产权出版社，2009.

[11] 郑晓江. 生命教育演讲录 [M]. 南昌：江西人民出版社，2008.

[12] 张素玲，巴兆成. 生命教育 [M]. 青岛：中国石油大学出版社，2007.

[13] 肖川. 教育的使命和责任 [M]. 长沙：岳麓书社，2007.

[14] 郑雪. 幸福心理学 [M]. 广州：暨南大学出版社，2004.

[15] 刘济良，等. 生命的沉思：生命教育理念解读 [M]. 中国社会科学出版社，2004.

[16] 黄应全. 死亡与解脱 [M]. 北京：作家出版社，1997.

[17] 冯契. 哲学大词典 [M]. 上海：上海辞书出版社，1992.

[18] 滕大春. 外国教育通史：第一卷 [M]. 济南：山东教育出版社，1989.

[19] 联合国科教文组织. 教育：财富蕴藏其中 [M]. 联合国教科文组织总部中文科，译. 北京：教育科学出版社，1996.

[20] 教育部社会科学研究与思想政治工作司. 思想政治教育方法论 [M]. 北京：高等教育出版社，2006.

[21] 张小飞. 高校思想政治理论课教学与大学生思想政治工作 [M]. 成都：西南交通大学出版社，2005.

[22] 王北生，等. 生命的畅想：生命教育视阈拓展 [M]. 北京：中国社会科学出版社，2005.

[23] 罗洪铁，董娅. 思想政治教育原理与方法基础理论研究 [M]. 北京：人民出版社，2005.

[24] 沃瑟曼. 自杀：一种不必要的死亡 [M]. 李鸣，等译. 北京：中国轻工业出版社，2003.

[25] 张文质. 生命化教育的责任与梦想 [M]. 上海：华东师范大学出版社，2006.

[26] 诺丁斯. 学会关心教育的另一种模式 [M]. 于天龙, 译. 北京: 教育科学出版社, 2003.

[27] 弗兰克尔. 追寻生命的意义 [M]. 何忠强, 杨凤池, 译. 北京: 新华出版社, 2003.

[28] 董娅, 邓力. 困惑与超越 [M]. 北京: 人民出版社, 2006.

[29] 刘铁芳. 以教学打开生命: 个体成人的教学哲学阐释 [M]. 北京: 教育科学出版社, 2019.

三、学位论文

[1] 曲晓萍. 当代大学生生命教育问题研究 [D]. 长春: 长春工业大学, 2018.

[2] 卞亚西. 当代大学生生命教育研究 [D]. 太原: 中北大学, 2022.

[3] 张玉梅. 高校生命教育内容及路径研究 [D]. 北京: 首都师范大学, 2008.

[4] 刘美英. 新时代大学生生命教育的现实困境和对策研究 [D]. 重庆: 重庆交通大学, 2022.

[5] 王敬红. 新时代大学生生命价值观现状及教育对策研究 [D]. 石家庄: 河北师范大学, 2020.

[6] 朱春英. 大学生生命教育研究 [D]. 北京: 北京交通大学, 2015.

[7] 吴宁子. 新媒体时代大学生生命教育现状分析及路径优化研究 [D]. 南京: 南京林业大学, 2020.

[8] 刘怡君. 大学生生命教育及实施途径研究 [D]. 西安: 西安工程大学, 2019.

[9] 方贞. 新时代大学生生命观教育研究 [D]. 南充: 西华师范大学, 2019.

[10] 陈秋兰. 习近平传统文化思想研究 [D]. 大连: 大连海事大学, 2018.

[11] 储昭奇. 思想政治课教学中的生命教育初探 [D]. 北京: 首都师范大学, 2007.

[12] 潘美姬. 当代大学生生命观存在的问题及对策研究 [D]. 开封: 河南大学, 2008.

[13] 杨琼. 论当代大学生责任感的培养 [D]. 开封: 河南大学, 2008.

[14] 叶新媛. 后疫情时代云南省初中生命教育现状及策略研究 [D]. 昆明：云南师范大学，2021.

[15] 生力元. "00后"大学生生命教育研究 [D]. 哈尔滨：东北林业大学，2021.

四、中文论文

[1] 朱小蔓，王平. 陶行知的生命教育思想与实践 [J]. 江海学刊，2019（1）：224-232.

[2] 朱其忠. 基于科学生命观的校园文化建设的实践与思考 [J]. 科学大众，2008（3）：24.

[3] 汤元军. 论生命教育的三个维度 [J]. 湖北教育学院学报，2007（2）：104-106.

[4] 褚惠萍. 从大学生自杀现象看高校的生命教育 [J]. 江苏高教，2007（1）：148-150.

[5] 王煜，喻芒清. 关于高校生命教育的再思考 [J]. 学校党建与思想教育，2006（10）：52-53.

[6] 徐颖，刘明瑛，刘宪亮，等. 大学生生命观调查分析 [J]. 卫生软科学，2006（5）：476-477+483.

[7] 陈文斌，刘经纬. 大学生生命教育探析 [J]. 中国高教研究，2006（9）：83-84.

[8] 路晓军. 大学生生命教育的价值探索 [J]. 黑龙江高教研究，2005（5）：38-40.

[9] 刘宪亮，李恩昌，尚进，等. 论医学生职业人格培养的内容及途径 [J]. 中国医学伦理学，2005（2）：10-13.

[10] 曹新祥，徐伟强. 诠释学校教育应推进"生命教育" [J]. 东华理工学院学报（社会科学版），2004（2）：52-56.

[11] 王北生，赵云红. 从焦虑视角探寻与解读生命教育 [J]. 中国教育学刊，2004（2）：19-22.

[12] 彭鸿雁. 论大学生生命观教育问题研究的构建 [J]. 北京市工会干部学院学报, 2005（9）: 55-58.

[13] 陈旭远, 孟丽波. 生命化教学的理论构建与实践样态 [J]. 教育研究, 2004（4）: 69-72.

[14] 冯建军. 生命教育: 引导青学生走好人生之路 [J]. 思想·理论·教育, 2003（6）: 29-32.

[15] 李伟言. 浅论教育中的生命观 [J]. 教学与管理, 2001（6）: 5-7.

[16] 高清海. "人"的双重生命观: 种生命与类生命 [J]. 江海学刊, 2001（1）: 77-82+43.

[17] 齐学红. 教育的出发点: 对个体生命的理解与尊重 [J]. 教育评论, 2000（5）: 4-5.

[18] 黄天中. 美国的死亡教育课程设计 [J]. 中国医学伦理学, 1994（1）: 34-41.

[19] 蒋一之. 英国公民教育的历史变革与现状分析 [J]. 外国教育研究, 2003（11）: 37-41.

[20] 黄克剑. 生命化教育须从随顺人的生命自然说起 [J]. 福建论坛（社科教育版）, 2007（4）: 1.

[21] 冯建军. 论生命化教育的要义 [J]. 教育研究与实验, 2006（5）: 25-28.

[22] 刘慧. 生命教育内涵解析 [J]. 课程·教材·教法, 2013, 33（9）: 93-95.

[23] 顾明远. 教育的本质是生命教育 [J]. 课程·教材·教法, 2013, 33（9）: 85.

[24] 李翔飞, 王坚, 朱晓玲, 等. 走出大学生生命教育的多重困境——生命教育与传统文化的有机融合 [J]. 教育学术月刊, 2017（4）: 59-66.

[25] 张萌, 黄莹. 大学生生命观现状及其教育 [J]. 黑龙江高教研究, 2018, 36（9）: 127-131.

[26] 吴菁. 当代大学生生命观调查与生命教育研究 [J]. 中国成人教育, 2010（5）: 87-88.

[27] 杨文龙，颜正良. 浅析大学生生命观教育[J]. 中南林业科技大学学报（社会科学版），2011，5（3）：116-118.

[28] 向继友，甄飞扬. 大学生生命教育路径创新略探[J]. 学校党建与思想教育，2021（13）：89-90.

[29] 张月梅，刘海涛. 当代大学生生命教育的探讨——基于发达国家生命教育的启示[J]. 黑龙江高教研究，2013，31（12）：140-143.

[30] 周桂. 生命教育的实践困境与破解路径[J]. 教学与管理，2020（6）：56-59.

[31] 丁静. 生命教育融入大学生志愿者服务的机制路径研究[J]. 江苏高教，2018（12）：100-102.

[32] 郭庆. 传统儒家文化视域下生命教育的意义与逻辑[J]. 吉首大学学报（社会科学版），2023，44（1）：150-160.

五、外文文献

[1] Battistich V. Effects of a school-based program to enhance prosocial development on children's peer relations and social adjustment[J]. Journal of Research in Character Education, 2003, 1（1）：1-17.

[2] HERZ E J, GOLDBERG W A, REIS J S. Family life education for young adolescents：A quasi-experiment[J]. Journal of Youth and Adolescence, 1984, 13（4）：309-327.

[3] FEIGL H. Aims of Education for Our Age of Science：Reflections of a Logical Empiricist (orig. 1955)[J]. Science & Education, 2004, 13：121-149.

[4] Smith J. Life experience and longevity[J]. Zeitschrift für Erziehungswissenschaft, 2001, 4（4）：577-599.

[5] Schecter S. The New York City school system's family life education program[J]. Journal of Community Health, 1986, 11（1）：54-57.

[6] Sirgy M J, Cornwell T. How Neighborhood Features Affect Quality of Life[J]. Social Indicators Research, 2002, 59（1）: 79-114.

[7] McGeorge C R, Carlson T S. Premarital Education : An Assessment of Program Efficacy[J]. Contemporary Family Therapy, 2006, 28（1）: 165-190.

[8] YI L Y, PENG J. Construction of life-practice moral education based on traditional Chinese morality with life connotation[J]. Frontiers of Education in China, 2006 : 456-461.

后记

能将自己的学术理想变成现实，实乃人生一大幸事。

本书是在我的硕士论文和"大学生生命教育"课程实践的基础上修改完成的。求学时代开始关注大学生生命观和生命教育这一主题到现在工作后立足于"大学生生命教育"课程的研发和实践，历经17年有余。学术研究一路走来，感受颇丰。

求学时期所学专业为思想政治教育，刚开始比较关注的是高校思想政治教育中的人文关怀视角，公开发表了《从德育的人文关怀角度谈高校生命道德教育的建构》《从见义勇为谈大学生生命道德教育的缺失》等学术论文。呼吁在传统的道德教育中增加生命道德教育，增强高校思想政治教育的"温度"；后来开始直面大学生的生命观视角，做了大量的实证研究，公开发表了《大学生生命观调查以及对高校生命教育的反思》《关于上海民办本科院校大学生生命教育的调查报告》《当代大学生道德状况的调查——以石河子大学为例》等学术论文，在实证基础上来验证生命道德教育的必要性和急迫性，为大学生生命教育课程的研发打下了一定的基础。求学期间，公开发表了8篇学术论文，其中一篇发表在核心期刊《学校党建与思想教育》上。

研究生毕业后进入高校从事思想理论课教学以及学生思想政治教育工作，开始接触到更多的大学生生命危机干预工作，更深刻地学习探索到每一起危机背后的"潜在诱因"。于是我开始关注大学生心理健康教育，并考取了"上海市中级心理咨询师"，开始探索大学生心理健康教育与生命教育的融合，公开发表了《95后大学生生命意义感提升路径思考——基于生命教育与心理健康教育融合的视角》《民办高校特殊群体学生的心理关爱实践研究》《大学生生命教育与心理健康教育融合研究》《民办高校特殊群体学生的心理关爱实践研究》等论文。并成功申请获批了上海市德育课题"生命教育视角下的心理健康教育新路径探索"、上海市民办高校党建与思想政治课题"民办高校特殊群体学生的心理关爱路径研究"等课题。后来新冠疫情爆发，人们开始更进一步思考我们如何与自我相处、如何与他人共存、如何与大自然共生？基于此，我发表了《疫情防控视域下加强大学生生命教育研究》，立项了上海建桥学院马克思主义学院疫情防控专项课题"疫情防控视域下的大学生生命教育研究"。工作后公开发表学术论文15篇，主持和参与课题12项，参编由上海交通大学出版社《放飞心灵 悦纳自我——大学生心理健康与发展》教材1部。其中1篇论文发表在《齐齐哈尔大学学报（哲学社会科学版）》上。

随着时间的推移，从事大学生思想政治教育年限不短，面对每一起大学生陷入"生命困境"后的教育反思，我开始探索作为高校一名学生思想政治教育工作者，我们可以为大学生做些什么？在我们的教育中是否可以纳入更多的生命教育元素？是否可以让每位大学生都能够实现个体生命的自我敞现，拥有人生、人文、人格、人性四个维度，并由此展现出生命的长度、宽度、高度和亮度？于是我开始探索"大学生生命教育"课程的建设，并获校级课程思政示范课建设。线下持续以选修课方式开课多个学期，后来为了让更多的大学生受益本门课，我在智慧树上建设了线上课程。截至2024年8月18日，选课人次1.46万人，选课学校12所，公众学习者所属学校125所，累计互动22.38万次，累计浏览2.19万人次。课程的部分核心单元，主要从生命观、生命认知、生命感恩、生命伴侣、生命关系、生命情感、生命价值、生命闲暇等方面来展开大学生生命教育，教会大学生学会学习与生活，拥有丰富饱满的人生。

教育是生命的教育，教育面对的是生命，发展的是生命。大学生活是人生的黄金期，青年大学生是整个社会最富朝气、最具创造性和生命活力的群体，是祖国的未来、家庭的希望。重视和倡导对大学生的生命教育，不仅意

后记

味着对大学生个体自然生命的关切,更意味着对大学生生命价值与人生态度的引领与提升。加强大学生的生命教育,也是高等教育所面临的一项重大现实课题。

生命教育是美化生命的教育,不仅是当今教育的一种生命价值追求,更是一种生命实践活动。在高校实施生命教育,以思想政治教育为载体,最终带领大学生认识和敬畏生命、享受和超越生命,以此来提升大学生的生命质量和生命价值,最终拥有一个幸福的人生。

作为一名生命教育工作者,同时也兼具教师和母亲的角色。在工作中与大学生平等对话,看着一批批学生从大一新生的懵懂朝气变为大四准毕业生的稳重干练,欣慰不已。前途漫漫,大学生毕业不是赛道终点而是人生新起点,高等教育的使命是立德树人,教育成就每一个完满的生命体,让大学生敢于勇于去社会的大海里逐浪奔腾,成就幸福的人生,这是教育工作者的使命,也是生命教育的初衷,不止于大学毕业,而是贯穿整个人生。作为母亲,我也带着这样的生命教育的育人理念去养育两个孩子,以求他们在当今竞争激烈的社会环境中茁壮成长,即使遇到生命挫折,也有强大的心理力量来支持自己度过人生的每一个瞬间,无论好坏。这种生命的韧性将会影响他们的一生,终有一天会有这样的一洼水,让他们翻腾跳跃,舞动自己的精彩。

感谢我的研究生导师吴新平女士,学识渊博、温文尔雅,待生如子,美貌与智慧并存,是她带领我进入大学生思想政治教育和大学生生命教育研究的殿堂。在我求学期间,导师经常督促我要多读书,多动笔,多参加学术活动。教诲我们要花精力去做好事情,并多出成果,否则就是浪费时间。她常常说道,认真可以把事情做对,用心才能把事情做好,我谨记在心至今。

感谢工作期间遇到的领导和同事,支持我潜心耕耘自己的研究方向不要放弃,鼓励和帮助我在大学生生命教育领域探索和前行,勉励我将自己的研究课题理论和实践相结合,让更多的大学生受益。

感谢我的先生和儿子们,在我身心忙乱的时候,是他们给予我鼓励和动力。在我写作研发课程期间,先生主动负担起家务,精心照护孩子,并对我的课程建设提出宝贵意见和建议，让本书的呈现更有质量。

  在本书付梓出版之际，感谢上海建桥学院学术资助基金对本书出版予以资助，同时要感谢东华大学出版社周慧慧和洪正琳两位编辑以及其他工作人员为本书的顺利问世所付出的辛勤劳动！

潘明芸

甲辰年于临港新城

2024 年 11 月